NUMMER 25

JACOB BURCKHARDT

DIE HISTORISCHE GRÖSSE

Mit einer Vorbemerkung
von Johannes Willms

BELTZ
Athenäum

Gestaltung: Bayerl & Ost, Frankfurt am Main
Gesamtherstellung: Druckhaus »Thomas Müntzer«, Bad Langensalza
ISBN 3-89547-043-0

INHALT

VON DER HÖHE DER ZEIT AUS

Es ist von einer eigenartigen Ironie, daß die »Weltgeschichtlichen Betrachtungen«, aus deren Zusammenhang die beiden hier vorgelegten Schlußkapitel »Die historische Größe« und »Über Glück und Unglück in der Weltgeschichte« herausgelöst wurden, von Jacob Burckhardt gar nicht als Buch, sondern lediglich als Notizen für Vorlesungen konzipiert waren, die er insgesamt dreimal, im Wintersemester 1868/9, 1870/1 und 1872/3 an der Universität Basel gehalten hat. Gleichwohl aber nehmen die »Weltgeschichtlichen Betrachtungen« innerhalb seines Werks eine zentrale Stellung ein, geben sie doch Aufschluß sowohl über den inneren Aufbau der »Kultur der Renaissance in Italien« wie über sein Geschichtsdenken, für das seine »Griechische Kulturgeschichte« exemplarisch ist.
Die den »Weltgeschichtlichen Betrachtungen« zugrunde liegenden Vorlesungen Jacob Burckhardts waren dem Thema »Über das Studium der Geschichte« gewidmet. Wie dieser Titel besagt, waren sie also gedacht als eine allgemeine Einführung in

Wesen, Aufgabe und Methodik der Historiographie. Ob er aus diesen Vorlesungen je selbst ein Buch zu machen die Absicht hatte, scheint jedoch fraglich. Zwar bestimmte Burckhardt in seinen letztwilligen Verfügungen, die er hinsichtlich seines handschriftlichen Nachlasses traf, die von ihm angefertigten Exzerpte für die Vorlesungen zum Thema »Über das Studium der Geschichte« sollten nicht wie andere Notizen »unbedingt eingestampft werden«, sondern stellte seinem Neffen Jacob Oeri anheim, er möge diese »einsehen nach Belieben und dann ebenfalls einstampfen lassen«. Aus dieser Ausnahmebestimmung läßt sich allenfalls folgern, daß für Jacob Burckhardt diese Exzerpte eine andere Bedeutung hatten als die, die er für seine sonstigen Vorlesungen angefertigt hatte.

Daß Burckhardt im übrigen keineswegs die Absicht hatte, aus diesen Notaten ein Buch zu machen, bestätigt Jacob Oeri im Vorwort des erstmals in dieser Form und unter dem Titel »Weltgeschichtliche Betrachtungen« 1905 veröffentlichten Manuskripts: »Der Leser hat es (...) hier mit dem Entwurf für akademische Vorträge und nicht mit einem zur Herausgabe bestimmten Werke zu tun, und diesen Charakter hat der Herausgeber nicht verwischen wollen, sondern in seiner Ausarbeitung den Stil von Burckhardts mündlicher Rede nach Kräften gewahrt, gewisse Freiheiten, wie die öftere Wiederholung von Gedanken, die Burckhardt wichtig waren (...) nicht beseitigt und die Anmerkungen stehen lassen, die auf wünschenswerte, aber von Burckhardt nicht mehr vorgenommene Erweiterungen hinweisen«.

Seinen Entschluß, sich über Burckhardts letztwillige Verfügung eindeutig hinwegzusetzen und das ihm anvertraute Manuskript zu bearbeiten und zu veröffentlichen, hat Jacob Oeri, der damals als Lehrer der klassischen Sprachen am Oberen Gymnasium in Basel tätig war, auf zweierlei Weise gerechtfertigt. Zum einen, so teilte er in seinem Vorwort mit, sei er von der Bedeutung dieses Versuchs »eines reichen und hochgebildeten Geistes (...), sich vermittels der Tatsachen, soweit sie ihm bekannt waren, ein Bild vom Schaffen der Weltgeschichte zu machen«, überzeugt. Zum weiteren glaubte er, daß die Publikation der Vorlesungen, denen ja auch Nietzsche beigewohnt habe, es leichter machen würde, die Frage nach dem »Verhältnis zwischen den geschichtlichen Grundanschauungen beider Männer« zu beantworten, »freilich vielleicht zur Enttäuschung derjenigen, die eine ganz nahe Verwandtschaft der Ansicht erwarteten«.
Dieser Absicht dürfte es wohl auch zuzuschreiben sein, daß Oeri für die Veröffentlichung des Manuskripts den Titel »Weltgeschichtliche Betrachtungen« wählte, wie dies Peter Ganz vermutete, zumal sich für eine solche Titelwahl in dem ganzen Manuskript keinerlei Hinweis finden läßt. In seiner Einleitung bemerkte Burckhardt, er wolle »Winke zum Studium des Geschichtlichen in den verschiedenen Gebieten der geistigen Welt« geben und spricht von »geschichtlichen Beobachtungen und Erfahrungen«. Peter Ganz folgerte aus dieser Bemerkung zutreffend, es sei Burckhardt um die Kategorie des »Geschichtlichen« als solche gegangen und nicht um »Weltgeschichte«. Ebenso verhält es

sich auch mit »Betrachtung«, das in der kontemplativen Bedeutung, die der Titel suggeriert, nirgendwo in Burckhardts Text gebraucht wird. Insofern liegt die von Peter Ganz formulierte Vermutung zwingend nahe, daß mit dem Titel »Weltgeschichtliche Betrachtungen« der Anschein erweckt werden solle, als handele es sich dabei um Burckhardts Antwort auf Nietzsches »Unzeitgemässe Betrachtungen« im allgemeinen und im besonderen auf dessen 1874 veröffentlichtes Werk »Vom Nutzen und Nachteil der Historie für das Leben«.

Die »Weltgeschichtlichen Betrachtungen« sind also ein Zwitterwesen, das seine Gestalt ebenso Burckhardt wie Oeri verdankt. Dessen großes Verdienst ist es aber ohne allen Zweifel, die Burckhardtschen Notate zu einem Lesetext umgearbeitet zu haben, indem er Randbemerkungen und Zusätze ebensowohl in den Haupttext einarbeitete, wie er Stichworte und lediglich knappe Andeutungen zu vollständigen Sätzen ergänzte und formte. Welche immense und – wie man sich durch Vergleich mit den Originalnotizen überzeugen kann, die Peter Ganz 1982 veröffentlichte (Jacob Burckhardt, Über das Studium der Geschichte. Der Text der »Weltgeschichtlichen Betrachtungen« nach den Handschriften herausgegeben von Peter Ganz, München 1982) – kongeniale Arbeit Oeri damit leistete, ist im höchsten Maße bemerkens- und rühmenswert. Einzig seiner umsichtigen Bearbeitung, die vielleicht nicht in jedem einzelnen Fall den Intentionen Burckhardts gerecht wird, ist nämlich der Erfolg und die Wirkung dieses Werks zu verdanken.

Daß aus dem von Jacob Oeri vorgelegten Lesetext

der »Weltgeschichtlichen Betrachtungen« die beiden Schlußkapitel herausgelöst und hier separat erneut publiziert werden, läßt sich zum einen damit rechtfertigen, daß in diesen beiden Abschnitten der Geist des gesamten Werkes in besonderer Reinheit und Dichtigkeit dem Leser vor Augen tritt. Überdies hat Jacob Burckhardt selbst das Kapitel über »Die historische Grösse« in drei öffentlichen Vorträgen in der Aula des Museums zu Basel im Wintersemester 1870/1 vorgetragen. Den Ausschlag dafür mögen die Geschehnisse des preußisch-französischen Krieges gegeben haben, die er, wie seinem Briefwechsel insbesondere mit Friedrich von Preen zu entnehmen ist, mit lebhafter und kritischer Anteilnahme verfolgte. Schließlich lädt der durchaus unsystematische Charakter des Werks geradezu ein, einzelne Abschnitte zu isolieren, ohne daß man damit dem Ganzen unzuträgliche Gewalt antäte. Diesen Charakter bestätigt Burckhardt im übrigen selbst, wenn er seine Aufgabe zu Anfang derart beschreibt: »Eine Anzahl von geschichtlichen Beobachtungen und Erfahrungen an einen halb zufälligen Gedankengang anzuknüpfen wie ein andermal an einen andern.« Dem entspricht auch zum weiteren der aphoristische Stil, dessen er sich befleißigt.

Der Behauptung Burckhardts, seine Gedankengänge stellten »keine systematischen Ansprüche«, eignet aber auch eine polemische Pointe, die sowohl gegen den Wissenschaftsanspruch der Historiker wie auch gegen eine chronologische oder gar teleologische Geschichtsphilosophie gerichtet ist, deren grundlegende Ansicht, daß ein Prinzip kon-

sequent auf das Besondere angewendet werden soll, »so daß die Wahrheit alles Besonderen nach diesem Prinzip erkannt werden wird« (Hegel), Burckhardt energisch ablehnte. Allerdings ist es auch ihm um Ordnung zu tun, will auch er das schlechthin Einzelne und Individuelle auf seine Weise organisieren, wie Ganz schreibt, »und zwar nicht chronologisch sondern typologisch«.
Einer solchen, der damaligen wie heutigen Kathederauffassung von wissenschaftlicher Historiographie Hohn sprechenden Auffassung, ist in der Tat der Aphorismus, den Burckhardt pflegte und in dem er brillierte, als Ausdrucksform angemessen. Und daraus erklärt sich auch die Frische und Faszination, die von seinem Werk noch heute ausgeht und das dessen Lektüre zu einem Leseerlebnis werden läßt, auch wenn einem die Erörterung einer Kategorie wie die »Historische Grösse« nach dem geschichtlichen Erlebnis von Ungeheuern wie Stalin oder Hitler eher widrig anmutet. Eben darin offenbart sich, unbeschadet seiner Modernität in Wahrnehmung und Urteil, seine zeitliche Standortbindung an das 19. Jahrhundert, dem er glaubte, »eine spezielle Befähigung zur Wertschätzung der Größen aller Zeiten und Richtungen zuerkennen« zu können. »Denn durch den Austausch und Zusammenhang aller unserer Literaturen, durch den gesteigerten Verkehr, durch die Ausbreitung der europäischen Menschheit über alle Meere, durch die Ausdehnung und Vertiefung aller unserer Studien hat unsere Kultur als wesentliches Kennzeichen einen hohen Grad von Allempfänglichkeit erreicht. Wir haben Gesichtspunkte für jegliches und suchen

auch dem Fremdartigsten und Schrecklichsten gerecht zu werden.«
Diese Sicherheit, von der Höhe der eigenen Zeit aus, das geschichtliche Urteil einer großen Generalrevision zu unterziehen, die alle »berühmten Individuen und Sachen der Vergangenheit« umfaßt, haben wir Heutigen nicht mehr. Es ist dies ein Verlust, der einem bei der Lektüre von Jacob Burckhardts Abhandlungen in seinem ganzen Ausmaß gegenwärtig wird. Man wird dieses Erlebnis aber um so leichter verschmerzen können, als Burckhardt stets von dem einen Gedanken durchdrungen war, der ihn als Historiker so überaus zeitgemäß macht, dem Gedanken nämlich, Geschichte so zu schreiben, daß sie nicht nur den Ansprüchen der Fachgenossen genügt, sondern vor allem auch dem großen Publikum einen Zugang zur Vergangenheit eröffnet, »denn die Geschichte ist nicht vorhanden um der Merkwürdigkeiten willen, sondern um die Vergangenheit mit der Gegenwart zu vermitteln«.

Johannes Willms

DIE HISTORISCHE GRÖSSE

Unsere Betrachtung der dauernden Einwirkungen der Weltpotenzen aufeinander, fortgesetzt durch die der beschleunigten Prozesse, schließt mit derjenigen der in einzelnen Individuen konzentrierten Weltbewegung: wir haben es nun also mit den großen Männern zu tun.

Dabei sind wir uns der Fraglichkeit des Begriffes Größe wohl bewußt; notwendig müssen wir auf alles Systematisch-Wissenschaftliche verzichten.

Unsern Ausgang nehmen wir von unserm Knirpstum, unserer Zerfahrenheit und Zerstreuung. Größe ist, was *wir nicht* sind. Dem Käfer im Grase kann schon eine Haselnußstaude (falls er davon Notiz nimmt) sehr groß erscheinen, weil er eben nur ein Käfer ist.

Und dennoch fühlen wir, daß der Begriff unentbehrlich ist, und daß wir ihn uns nicht dürfen nehmen lassen; nur wird er ein relativer bleiben; wir können nicht hoffen, zu einem absoluten durchzudringen.

Wir sind hiebei von allen möglichen Täuschungen

und Schwierigkeiten umgeben. Unser Urteil und unser Gefühl können je nach Lebensalter, Erkenntnisstufen usw. sehr stark schwanken, beide unter sich uneins und mit dem Urteil und Gefühl aller andern im Zwiespalt sein, weil eben unser und aller andern Ausgangspunkt die Kleinheit eines jeden ist.

Ferner entdecken wir in uns ein Gefühl der unechtesten Art, nämlich ein Bedürfnis der Unterwürfigkeit und des Staunens, ein Verlangen, uns an einem für groß gehaltenen Eindruck zu berauschen und darüber zu phantasieren*. Ganze Völker können auf solche Weise ihre Erniedrigung rechtfertigen, auf die Gefahr, daß andere Völker und Kulturen ihnen später nachweisen, daß sie falsche Götzen angebetet haben.

Endlich sind wir unwiderstehlich dahin getrieben, diejenigen in der Vergangenheit und Gegenwart für groß zu halten, durch deren Tun unser spezielles Dasein beherrscht ist, und ohne deren Dazwischenkunft wir uns überhaupt nicht als existierend vorstellen können. Weil uns besonders das Bild derjenigen blendet, deren Dasein zu unserm nunmehrigen Vorteil gereicht hat, wird zum Beispiel der gebildete Russe Peter den Großen, wenn er ihn auch verabscheuen mag, doch (trotz harter Anfechtung seines Ruhmes bei Neuern) für einen großen Mann halten; denn ohne dessen Einwirkung kann er sich selbst doch nicht denken. Aber auch im Ge-

* Dies gilt freilich nur von dem Eindruck der politisch und militärisch Mächtigen, denn den intellektuell Großen (Dichtern, Künstlern, Philosophen) macht man die Anerkennung bei Lebzeiten oft beharrlich streitig.

genteil halten wir diejenigen für groß, die uns großen Schaden zugefügt haben. Kurz, wir riskieren, Macht für Größe und unsere eigene Person für viel zu wichtig zu nehmen.

Und dazu kommt nun gar die so häufig nachweisbar unwahre, ja unredliche schriftliche Überlieferung durch geblendete oder direkt bestochene Skribenten usw., welche der bloßen Macht schmeichelten und sie für Größe ausgaben.

Aller dieser Unsicherheit gegenüber steht das Phänomen, daß alle gebildeten Völker ihre historischen Größen proklamiert, daran festgehalten und darin ihren höchsten Besitz erkannt haben.

Dabei ist uns völlig unwesentlich, ob eine Persönlichkeit den *Beinamen* »der Große« trägt; dieser hängt schlechterdings davon ab, ob es noch andere desselben Namens gegeben hat oder nicht.

Die wirkliche Größe ist ein Mysterium. Das Prädikat wird weit mehr nach einem dunklen Gefühle als nach eigentlichen Urteilen aus Akten erteilt oder versagt; auch sind es gar nicht die Leute vom Fach allein, die es erteilen, sondern ein tatsächliches Übereinkommen vieler. Auch der sogenannte Ruhm ist dazu nicht genügend. Die allgemeine Bildung unserer Tage kennt aus allen Völkern und Zeiten eine gewaltige Menge von mehr oder weniger Berühmten; allein bei jedem einzelnen entsteht dann erst die Frage, ob ihm Größe beizulegen ist, und da halten nur wenige die Probe aus.

Welches ist aber der Maßstab dieser Probe? Ein unsicherer, ungleicher, inkonsequenter. Bald wird das Prädikat mehr nach der intellektuellen, bald mehr nach der sittlichen Beschaffenheit zuerteilt, bald mehr nach urkundlicher Überzeugung, bald (und, wie gesagt, öfter) mehr nach Gefühl; bald entscheidet mehr die Persönlichkeit, bald mehr die Wirkung, die sie hinterlassen; oft findet auch das Urteil seine Stelle schon von einem stärkeren Vorurteil eingenommen.

Schließlich beginnen wir zu ahnen, daß das Ganze der Persönlichkeit, die uns groß erscheint, über Völker und Jahrhunderte hinaus magisch auf uns nachwirkt, weit über die Grenzen der bloßen Überlieferung hinaus.

Nicht eine Erklärung, sondern nur eine weitere Umschreibung von Größe ergibt sich von diesem Punkte aus mit den Worten: *Einzigkeit, Unersetzlichkeit.* Der große Mann ist ein solcher, ohne welchen die Welt uns unvollständig schiene, weil bestimmt große Leistungen nur durch ihn innerhalb seiner Zeit und Umgebung möglich waren und sonst undenkbar sind; er ist wesentlich verflochten in den großen Hauptstrom der Ursachen und Wirkungen. Sprichwörtlich heißt es: Kein Mensch ist unersetzlich. – Aber die wenigen, die es eben doch sind, sind groß.

Freilich ist der eigentliche Beweis der Unersetzlichkeit und Einzigkeit nicht immer streng beizubringen, schon weil wir den präsumtiven Vorrat der Natur und der Weltgeschichte nicht kennen, aus welchem statt eines großen Individuums ein anderes wäre auf den Schauplatz gestellt worden. Aber wir haben Ursache, uns diesen Vorrat nicht allzu groß vorzustellen.

Einzig und unersetzlich aber ist nur der mit abnormer intellektueller oder sittlicher *Kraft* ausgerüstete Mensch, dessen Tun sich auf ein *Allgemeines*, das heißt, ganze Völker oder ganze Kulturen, ja die ganze Menschheit Betreffendes bezieht. Nur in Parenthese möge hier allerdings auch gesagt sein, daß es etwas wie Größe auch bei ganzen Völkern, und ferner, daß es eine partielle oder momentane Größe gibt, welche da eintritt, wo ein einzelner sich und sein Dasein völlig über einem Allgemeinen vergißt; ein solcher erscheint in einem solchen *Moment* über das Irdische hinausgerückt und erhaben.

Dem 19. Jahrhundert ist nun eine spezielle Befähigung zur Wertschätzung der Größen aller Zeiten und Richtungen zuzuerkennen. Denn durch den Austausch und Zusammenhang aller unserer Literaturen, durch den gesteigerten Verkehr, durch die Ausbreitung der europäischen Menschheit über alle Meere, durch die Ausdehnung und Vertiefung aller unserer Studien hat unsere Kultur als wesentliches Kennzeichen einen hohen Grad von Allempfänglichkeit erreicht. Wir haben Gesichtspunkte für jegliches und suchen auch dem Fremdartigsten und Schrecklichsten gerecht zu werden.

Die früheren Zeiten hatten *einen* oder wenige Gesichtspunkte, zumal nur den nationalen oder nur den religiösen. Der Islam nahm nur von sich Notiz; das Mittelalter hielt tausend Jahre lang das ganze Altertum für dem Teufel verfallen. Jetzt dagegen ist unser geschichtliches Urteil in einer großen Generalrevision aller berühmten Individuen und Sachen der Vergangenheit begriffen; *wir* erst beurteilen den einzelnen von *seinen* Präzedentien, von *seiner* Zeit aus; falsche Größen sind damit gefallen und wahre neu proklamiert worden. Und dabei ist unser

Entscheidungsrecht nicht vom Indifferentismus getragen, sondern eher vom Enthusiasmus für alles vergangene Große, so daß wir das Große zum Beispiel auch an entgegengesetzten Religionen anerkennen.
Auch das Vergangene in den Künsten und in der Poesie lebt für uns neu und anders als für unsere Vorgänger. Seit Winckelmann und seit den Humanisten vom Ende des 18. Jahrhunderts sehen wir das ganze Altertum mit anderen Augen als die größten früheren Forscher und Künstler, und seit dem Wiedererwachen Shakespeares im 18. Jahrhundert hat man erst Dante und die Nibelungen kennengelernt und für poetische Größen den wahren Maßstab gewonnen, und zwar keinen ökumenischen. Einer künftigen Zeit mag es vorbehalten bleiben, auch unsere Urteile wieder zu revidieren. Und unter allen Umständen begnügen wir uns hier damit, nicht den Begriff, sondern den faktischen Gebrauch des Wortes »historische Größe« zu beleuchten, wobei wir auf große Inkonsequenzen stoßen können.
Wir finden nun folgenden geheimnisvollen Umschlag: Völker, Kulturen, Religionen, Dinge, bei welchen scheinbar nur das Gesamtleben etwas bedeuten kann, und welche nur dessen Produkte und Erscheinungsweisen sein sollten, finden plötzlich ihre Neuschöpfung oder ihren gebietenden Ausdruck in großen Individuen.
Zeit und Mensch treten in eine große, geheimnisvolle Verrechnung.
Aber die Natur verfährt dabei mit ihrer bekannten Sparsamkeit, und das Leben bedroht die Größe von

Jugend auf mit ganz besonderen Gefahren, darunter die falschen, das heißt, mit der wahren Bestimmung des großen Individuums im Widerspruch stehenden Richtungen, welche vielleicht nur eben um ein Minimum zu stark zu sein brauchen, um unüberwindlich zu sein.
Und wenn vollends das Leben den *Anlaß* der Offenbarung nicht gibt, so stirbt die Größe unentwickelt, unerkannt oder auf einem ungenügenden Tummelplatz, von wenigen angestaunt, dahin.
Die Sache wird daher von jeher rar gewesen sein und rar bleiben oder gar noch rarer werden.
Groß ist die Verschiedenheit desjenigen Allgemeinen, welches in den großen Individuen kulminiert oder durch sie umgestaltet wird.
Zunächst sind Forscher, Entdecker, Künstler, Dichter, kurz, die *Repräsentanten des Geistes*, gesondert zu betrachten. Sie haben für sich das hier allgemeine Zugeständnis, daß ohne das große Individuum nicht vorwärts zu kommen wäre, daß Kunst, Poesie und Philosophie und alle großen Dinge des Geistes unleugbar von ihren großen Repräsentanten leben und die allgemeine zeitweilige Erhöhung des Niveaus nur ihnen verdanken, während die sonstige Geschichtsbetrachtung je nach den Händen, in welchen sie sich befindet, den großen Männern den Prozeß macht, sie für schädlich oder unnötig erklärt, indem die Völker auch ohne selbige besser fertig geworden wären.
Künstler, Dichter und Philosophen, Forscher und Entdecker kollidieren nämlich nicht mit den »Absichten«, wovon die vielen ihre Weltanschauung beziehen, ihr Tun wirkt nicht auf das »Leben«, das

heißt, den Vor- und Nachteil der vielen; man braucht nichts von ihnen zu wissen und kann sie daher gelten lassen.

(Freilich, heute treibt die Zeit die fähigsten Künstler und Dichter in den Erwerb, was sich dadurch offenbart, daß sie der »Bildung« der Zeit entgegenkommen und sie illustrieren helfen, überhaupt jede sachliche Abhängigkeit über sich ergehen lassen und das Horchen auf ihre innere Stimme gänzlich verlernen. *Mit* der Zeit haben sie dann ihren Lohn dahin, sie haben den »Absichten« gedient.)

Künstler, Dichter und Philosophen haben zweierlei Funktion: den innern Gehalt der Zeit und Welt ideal zur Anschauung zu bringen und ihn als unvergängliche Kunde auf die Nachwelt zu überliefern.

Warum die bloßen *Erfinder und Entdecker* im gewerblichen Fach, ein Althan, Jacquart, Drake, Daniel, keine großen Männer sind, auch wenn man ihnen hundert Statuen setzte, und wenn sie noch so brave, aufopfernde Leute gewesen und die tatsächlichen Folgen ihrer Entdeckungen ganze Länder beherrschen, beantwortet sich damit, daß sie es eben nicht mit dem Weltganzen zu tun haben, wie jene drei Arten. Auch hat man das Gefühl, sie wären ersetzlich und andere wären später auf dieselben Resultate gekommen, während jeder einzelne große Künstler, Dichter und Philosoph schlechthin unersetzlich ist, weil das Weltganze mit seiner Individualität eine Verbindung eingeht, welche nur diesmal existierte und dennoch ihre Allgültigkeit hat.

Vollends ist, wer bloß die Rente eines Bezirkes steigen macht, noch kein Wohltäter der Menschheit.

Man kann nicht überall Krapp pflanzen, wie im Departement de la Vaucluse, und selbst im Departement de la Vaucluse verdient der bloße Einführer der Krappkultur noch keine Statue.
Von den *Entdeckern ferner Länder* ist nur Columbus groß, aber sehr groß gewesen, weil er sein Leben und eine enorme Willenskraft an ein Postulat setzte, welches ihn mit den größten Philosophen in einen Rang bringt. Die Sicherung der Kugelgestalt der Erde ist eine Voraussetzung alles seitherigen Denkens, und alles seitherige Denken, insofern es nur durch diese Voraussetzung frei geworden, strahlt auf Columbus unvermeidlich zurück.
Und doch ließe sich die Entbehrlichkeit des Columbus behaupten. »Amerika würde bald entdeckt worden sein, auch wenn Columbus in der Wiege gestorben wäre«*, was von Äschylus, Phidias und Plato nicht gesagt werden könnte. Wenn Raffael in der Wiege gestorben wäre, so wäre die Transfiguration wohl ungemalt gebieben.
Dagegen sind alle weiteren Entdecker der Ferne nur sekundär; sie leben nur von der durch Columbus eröffneten und erwiesenen Möglichkeit. Cortez, Pizarro u.a. haben freilich daneben ihre besondere Größe als Konquistadoren und Organisatoren großer neuer Barbarenländer; aber schon ihre Motive sind unendlich geringer als die Columbus'. Bei Alexander dem Großen liegt eine höhere Weihe darin, daß der Entdecker eigentlich den Eroberer vorantreibt. Die berühmtesten Reisenden unserer

* K.E. v. Baer, Blicke auf die Entwicklung der Wissenschaft, S. 118, nach dem Zitat bei Lasaulx, S. 116.

Tage durchziehen in Afrika und Australien doch nur Länder, deren Umrisse wir schon kennen.
Immerhin behauptet bei wichtigen Entdeckungen in der Ferne der *erste* Entdecker (z.B. ein Layard in Ninive) einen unverhältnismäßigen Glanz, obwohl wir wissen, daß die Größe im Objekt und nicht im Manne liegt. Es ist ein Dankgefühl in bezug auf die hohe Wünschbarkeit des Entdeckers, wobei fraglich bleibt, wie lange die Nachwelt diese Dankbarkeit bewahren wird für einen doch bloß einmaligen Dienst.
Bei den *wissenschaftlichen Forschern* hat zwar die Geschichte jedes Faches eine Anzahl von relativen Größen, allein sie geht dabei von dem Interesse des betreffenden Faches und nicht dem des Weltganzen aus und fragt, wer dieses Fach am meisten gefördert habe.
Daneben existiert eine ganz andere, unabhängige Wertschätzung, welche auf dem Gebiet der Forschung das Prädikat der Größe auf ihre Weise vergibt oder versagt. Sie krönt dabei weder die absolute Fähigkeit noch das sittliche Verdienst und die Hingebung an die Sache – denn diese verleiht Würde, aber noch nicht Größe –, sondern die großen Entdecker in bestimmten Richtungen, nämlich die Auffinder von Lebensgesetzen ersten Ranges.
Hiebei scheinen einstweilen ausgeschlossen die Repräsentanten aller *historischen Wissenschaften.* Diese fallen einer bloßen literargeschichtlichen Wertschätzung anheim, weil sie selbst beim großartigsten Wissen und Darstellen es doch nur mit dem Erkennen von Teilen der Welt, nicht mit dem Aufstellen von Gesetzen zu tun haben; denn die »hi-

storischen Gesetze« sind unpräzis und bestritten. Ob die Nationalökonomie mit ihren Lebensgesetzen schon unbestrittene Größe produziert hat, läßt sich fragen.
Dagegen in den mathematischen und den *Naturwissenschaften* gibt es allgemein anerkannte Größen.
Alles seitherige Denken ist erst frei geworden, seit Kopernikus die Erde aus dem Zentrum der Welt in eine untergeordnete Bahn eines einzelnen Sonnensystems verwiesen hat. Im 17. Jahrhundert gibt es außer einigen Astronomen und Naturforschern, einem Galilei, Kepler und wenigen andern gar keinen Forscher, welcher groß hieße; nur auf ihren Resultaten beruht eben alle weitere Betrachtung des Weltganzen, ja alles Denken überhaupt, womit sie bereits in die Reihe der Philosophen treten.
Mit den großen *Philosophen* erst beginnt das Gebiet der eigentlichen Größe, der Einzigkeit und Unersetzlichkeit, der abnormen Kraft und der Beziehung auf das Allgemeine.
Sie bringen die Lösung des großen Lebensrätsels, jeder auf seine Weise, der Menschheit näher; ihr Gegenstand ist das Weltganze von all seinen Seiten, den Menschen nota bene mit inbegriffen, sie allein übersehen und beherrschen das Verhältnis des einzelnen zu diesem Ganzen und vermögen daher den einzelnen Wissenschaften die Richtungen und Perspektiven anzugeben. Gehorcht wird, wenn auch oft unbewußt und widerwillig; die Einzelwissenschaften wissen oft gar nicht, durch welche Fäden sie von den Gedanken der großen Philosophen abhängen.

An die Philosophen möchten diejenigen anzuschließen sein, welchen das Leben in so hohem Grade objektiv geworden ist, daß sie darüber zu stehen scheinen und dies in vielseitigen Aufzeichnungen an den Tag legen: ein Montaigne, ein Labruyère. Sie bilden den Übergang zu den Dichtern.
Und nun folgt also in der hohen Mitte zwischen der Philosophie und den Künsten die *Poesie*. Dem Philosophen ist nur Wahrheit mitgegeben, daher sein Ruhm erst nach seinem Tode, dann aber desto intensiver lebt; den Dichtern und Künstlern dagegen ist einladende heitere Schönheit verliehen, um »den Widerstand der stumpfen Welt zu besiegen«; durch die Schönheit sprechen sie sinnbildlich*. Die Poesie aber hat nun mit den Wissenschaften das Wort und eine endlose Menge von sachlichen Berührungen gemein, mit der Philosophie, daß auch sie das Weltganze deutet, mit den Künsten die Form und die Bildlichkeit ihrer ganzen Äußerungsweise, und daß auch sie eine Schöpferin und Macht ist.
Hier möge nun gleich auch im allgemeinen erörtert werden, warum Dichtern und Künstlern Größe beigelegt wird.
Unbegnügt mit bloßer Kenntnis, welche Sache der Spezialwissenschaften, ja mit Erkenntnis, welche Sache der Philosophie ist, innegeworden seines vielgestaltigen, rätselhaften Wesens, ahnt der Geist, daß noch andere Mächte vorhanden seien, welche

* Vgl. Lasaulx S. 134ff. über die Stellung Homers. Über das Verhältnis des Dichters zum Philosophen vgl. Schiller an Goethe (17. Januar 1795): »So viel ist indes gewiß, der Dichter ist der einzig wahre *Mensch*, und der beste Philosoph ist nur eine Karikatur gegen ihn.«

seinen eigenen dunklen Kräften entsprechen. Da findet es sich, daß große Welten ihn umgeben, welche nur bildlich reden zu dem, was in ihm bildlich ist: die Künste. Unvermeidlich wird er den Trägern derselben Größe zuschreiben, da er ihnen Vervielfachung seines innersten Wesens und Vermögens verdankt. Sie sind ja imstande, fast sein ganzes Dasein, insofern es über das Alltägliche hinausgeht, in ihre Kreise zu ziehen, sein Empfinden in einem viel höheren Sinn, als er selbst könnte, auszudrücken, ihm ein Bild der Welt zu gewähren, welches, frei von dem Schutte des Zufälligen, nur das Große, Bedeutungsvolle und Schöne zu einer verklärten Erscheinung sammelt; selbst das Tragische ist dann tröstlich.

Die Künste sind ein Können, eine Macht und Schöpfung. Ihre wichtigste zentrale Triebkraft, die Phantasie, hat zu jeder Zeit als etwas Göttliches gegolten.

Inneres äußerlich machen, darstellen zu können, *so daß* es als ein dargestelltes Inneres, als eine Offenbarung wirkt, ist eine seltenste Eigenschaft. Bloß Äußeres noch einmal äußerlich zu geben, vermögen viele, – jenes dagegen erweckt im Beschauer oder Hörer die Überzeugung, daß nur der *eine* es gekonnt, der es geschaffen, daß er also unersetzlich gewesen.

Ferner lernen wir die Künstler und Dichter von jeher in feierlichen und großen Beziehungen zu Religion und Kultur kennen; das mächtigste Wollen und Empfinden der vergangenen Zeiten redet durch sie, hat sie zu seinen Dolmetschern erkoren.

Sie allein können das Mysterium der Schönheit deuten und festhalten; was im Leben so rasch, selten und ungleich an uns vorüberzieht, wird hier in einer Welt von Dichtungen, in Bildern und großen Bilderkreisen, in Farbe, Stein und Klang gesammelt als eine zweite, höhere Erdenwelt; ja in der Architektur und Musik lernen wir das Schöne überhaupt erst durch die Kunst kennen, ohne welche wir hier nicht wüßten, daß es vorhanden wäre.

Unter den Dichtern und Künstlern aber legitimieren sich die wahrhaft großen als solche durch die Herrschaft, welche sie bisweilen schon bei Lebzeiten über ihre Kunst ausüben, wobei, wie überall, die Erkenntnis oder stille Überzeugung mitwirkt, daß die große Begabung stets etwas höchst Seltenes sei. Es bildet sich das Gefühl, daß *dieser* Meister absolut unersetzlich sei, daß die Welt unvollständig wäre, nicht mehr gedacht werden könnte ohne ihn.

Tröstlicherweise gibt es bei der hohen Seltenheit der Menschen ersten Ranges noch eine zweite Stufe von Größe in Kunst und Dichtung: was die primären Meister der Welt als freie Schöpfung geschenkt, das kann, vermöge der Art der Überlieferung in diesen Gebieten, von trefflichen *sekundären* Meistern als *Stil* festgehalten werden, freilich meist als ein kenntlich Sekundäres, es sei denn, daß die Anlage des Betreffenden an sich ersten Ranges war und nur eben die erste Stelle schon entschieden eingenommen vorfand.

Die Meister der *dritten* Stufe, die der Veräußerlichung, zeigen dann wenigstens noch einmal, wie mächtig der große Mensch gewesen sein muß; sie zeigen auch in sehr lehrreicher Weise, welche Seiten an ihm erstens besonders aneignungs*wert* erschienen, und zweitens, welche am ehesten entlehnt werden *konnten.*

Immer von neuem aber wird man auf die Meister ersten Ranges zurückgewiesen; ihnen allein scheint in jedem Wort, Strich oder Ton wahre Originalität anzuhangen, selbst wo sie sich selber wiederholen (obschon dabei einige Täuschung mit unterläuft, und ganz traurig freilich ist es, wenn die Anlage ersten Rangs sich zur massenhaften Lohnarbeit verkauft).

Charakteristisch ist ihnen ferner die von der Viel- und Schnellproduktion der Mittelmäßigkeit himmelweit verschiedene Reichlichkeit, öfter so auffallend, daß wir sie aus einer Ahnung des frühen Todes hervorgegangen glauben. So bei Raffael und Mozart, auch bei Schiller mit seiner zerstörten Gesundheit. Wer nach einmaligen bedeutenden Leistungen ein Schnellproduzent, gar um des Erwerbes willen, wird, der ist von Anfang an nie groß gewesen.

Die Quellen dieser Reichlichkeit sind die große, übermenschliche Kraft an sich und ferner bei jedem gewonnenen Fortschritt die Macht und Lust zu vielseitiger Anwendung. Jeder neuen Stufe Raffaels entspricht zum Beispiel eine Gruppe von Madonnen oder heiligen Familien; auch an Schillers Balladenjahr 1797 läßt sich hier denken. Endlich kann dem großen Meister auch, wie dies Calderon und Rubens zugute kam, ein schon feststehender Stil und ein großes Verlangen bei seinem Volke entgegenkommen.

Es fragt sich nun, wie weit die großen Dichter und

Künstler von der *persönlichen Größe* dispensiert seien. – Jedenfalls bedürfen sie jener Konzentration des Willens, ohne welche überhaupt keine Größe denkbar ist, und deren magische Nachwirkung uns als zwingende Kraft berührt. Hierin müssen sie wohl oder übel außerordentliche Menschen sein, und wer dies nicht ist, kann bei glänzendster Begabung frühe zugrunde gehen, ja ohne diesen Grad von Charakter bleibt das glänzendste »Talent« ein Lump oder ein Hund. Alle großen Meister haben zunächst viel und immerfort gelernt, wozu bei schon erreichter bedeutender Höhe und bei leichter und glänzender Produktion ein sehr großer Entschluß gehört. Ferner erreichen sie alle ihre späteren Stufen nur in gewaltigem Kampf mit den neuen Aufgaben, die sie sich stellen. Michelangelo mußte als weltberühmter Sechziger ein großes neues Reich entdecken und in Besitz nehmen, bevor er das Weltgericht schaffen konnte. Man denke auch an die Willenskraft Mozarts in seinen letzten Monaten, von dem sich noch Leute einbilden, er sei zeitlebens ein Kind geblieben.

Andererseits ist man versucht, den großen Meistern eine vollständigere, glücklichere Existenz und Persönlichkeit zuzutrauen als andern Sterblichen, zumal ein glücklicheres Verhältnis von Geist und Sinnlichkeit. Hiebei ist vieles bloße Vermutung; auch übersieht man dabei sehr große spezifische Gefahren, die ihrem Lebensgang und ihrer Beschäftigung anhangen. Das jetzige Ausmalen von Dichter- und Künstlerleben hat eine sehr ungesunde Quelle; besser, man begnüge sich mit den Werken, worin zum Beispiel Gluck den Eindruck der Größe und des ruhigen Stolzes, Haydn den des Glückes und der Herzensgüte macht. Auch haben nicht alle Zeiten über diese Fragen gleichmäßig gedacht; das ganze vorrömische Griechentum macht von seinen allergrößten bildenden Künstlern auffallend wenig Worte, während es Poeten und Philosophen sehr hoch stellt.

Und nun die verschiedene *Anerkennung*, welche der Größe in den einzelnen Künsten zuteil wird.

Die *Poesie* hat ihre Höhepunkte: wenn sie aus dem Strom des Lebens, des Zufälligen und Mittelmäßigen und Gleichgültigen heraus, nachdem sie vorläufig in der Idylle anmutig darauf mag angespielt haben, das allgemein Menschliche in seinen höchsten Äußerungen herausnimmt und zu idealen Gebilden verdichtet und die menschliche Leidenschaft im Kampf mit dem hohen Schicksal, nicht von der Zufälligkeit verschüttet, sondern rein und gewaltig darstellt; – wenn sie dem Menschen Geheimnisse offenbart, die in ihm liegen und von welchen er ohne sie nur ein dumpfes Gefühl hätte; – wenn sie mit ihm eine wundervolle Sprache redet, wobei ihm zumute ist, als müßte dies einst in einem besseren Dasein die seinige gewesen sein; – wenn sie vergangene Leiden und Freuden einzelner aus allen Völkern und Zeiten zum unvergänglichen Kunstwerk verklärt, damit es heiße: spirat adhuc amor, vom wilden Jammer der Dido bis zum wehmütigen Volkslied der verlassenen Geliebten, damit das Leiden des Spätgeborenen, der diese Gesänge hört, sich daran läutere und sich in ein hohes Ganzes, in das Leiden der Welt, aufgenommen fühle, was sie alles kann, weil im Dichter selber schon nur das Leiden die hohen Eigenschaften weckt; – und vollends, wenn sie die Stimmungen wiedergibt, welche über das Leiden und Freuen hinausgehen; wenn sie das Gebiet desjenigen Religiösen betritt, welches den tiefsten Grund jeder Religion und Erkenntnis ausmacht: die Überwindung des Irdischen, die wir dramatisch am größten in der Kerkerszene zwischen Cyprian und Justina bei Calderon finden, aber auch Goethe in »Der du von dem Himmel bist« rührt wunderbar daran, – und wenn sie, von gewaltigem Sturm ergriffen, zu ganzen Völkern redet, wie die Propheten taten bis zu jenem unvergleichlichen Ausbruch der Inspiration: Jesaias 60.

Die großen Dichter würden uns schon groß erscheinen als wichtigste Urkunde über den Geist aller der Zeiten, welche ihre Dichtungen schriftlich gesichert hinterlassen haben; vollends aber bilden sie in ihrer Gesamtheit die größte zusammenhängende Offenbarung über den inneren Menschen überhaupt.

Allein die »Größe« des einzelnen Dichters ist sehr von seiner »Verbreitung« oder Benützung zu unterscheiden, welche noch von ganz andern Gründen mitbedingt wird.

Man sollte sonst zwar denken, daß bei Dichtern vergangener Zeiten nur die Größe entschiede; aber ein Dichter kann als Bildungselement und als Kunde seiner Zeit einen Wert haben, der weit über seinen Dichterwert hinausgeht. So manche Dichter des Altertums, indem jede Kunde aus jener Zeit an sich unschätzbar ist.

Es läßt sich zum Beispiel fragen, ob Euripides

Größe hat neben Äschylus und Sophokles. Und doch ist er für eine Wendung in der ganzen athenischen Denkweise die bei weitem wichtigste Quelle. Aber hier gerade haben wir ein sprechendes Beispiel des Unterschiedes: Euripides zeugt von einem Zeitlichen in der Geschichte des Geistes, Äschylus und Sophokles vom Ewigen.

Andererseits sind Schöpfungen, die unbestritten groß und herrlich sind: Volksepos, Volkslied und Volksmelodie, scheinbar dispensiert von der Entstehung durch große Individuen; diesen substituiert sich ein ganzes Volk, welches wir uns ad hoc in einem besondern, glücklich-naiven Kulturzustand vorstellen.

Allein diese Substitution beruht tatsächlich nur auf der Mangelhaftigkeit der Überlieferung. Der epische Sänger, dessen Namen wir nicht mehr (oder nur als Kollektivum) kennen, ist sehr groß gewesen in dem Augenblick, da er einen Zweig der Sage seines Volkes *zum ersten Male* in dauernde Form faßte; in diesem Augenblick konzentrierte sich in ihm der Volksgeist magisch, was nur in ausgezeichnet geborenen Menschen möglich ist. Und so wird auch das Volkslied und die Volksmelodie ersten Ranges nur von ausgezeichneten Individuen und nur in Augenblicken der Größe geschaffen werden, da der konzentrierte Volksgeist aus ihnen spricht; sonst hätte das Lied schon keine Dauer.

Daß wir bei einer namenlosen Tragödie sogleich an einen Verfasser denken und uns dies bei sogenannten Volksepen glauben verwehren zu müssen, ist nichts als eine moderne Meinung und Gewohnheit. Es gibt Dramen, welche mindestens ebenso »volksmäßig« zustande gekommen sind wie jene Volksepen usw.

Es folgen nun die großen *Maler* und *Bildhauer*.

Ursprünglich arbeiten im Dienst der Religion die Künstler namenlos. Dort, im Heiligtum, geschehen die ersten Schritte zum Erhabenen; sie lernen das Zufällige aus den Formen ausscheiden; es entstehen Typen und endlich Anfänge von Idealen.

Und nun beginnen die Einzelnamen und ihr Ruhm auf jener schönen, mittleren Höhe der Kunst, da ihr heiliger, monumentaler Ursprung noch nachwirkt und doch schon die Freiheit in den Mitteln und die Freude an denselben gewonnen ist. Jetzt wird nach allen Richtungen das Ideale gefunden und bereits auch das Reale mit zwingender Magie bekleidet. Hin und wieder taucht die Kunst tief unter in sachliche Knechtschaft, hebt sich aber glorreich wieder als ein höheres Gleichnis des Lebens. Ihre Berührung mit dem Weltganzen ist wesentlich eine andere als die der Dichtung; beinahe nur der Lichtseite der Dinge zugewandt, schafft sie ihre Welt von Schönheit, Kraft, Innigkeit und Glück, und auch in der lautlosen Natur sieht und schildert sie den Geist.

Die Meister, welche die entscheidenden Schritte hierin getan, waren außerordentliche Menschen. Freilich in der griechischen Kunstwelt, wo wir ihre Namen kennen, dürfen wir diese doch nur selten auf bestimmte Kunstwerke beziehen, und in der Blütezeit des nordischen Mittelalters fehlen uns auch die Namen. Wer schuf die Statuen an den Portalen von Chartres und Reims? Eine eitle Voraussetzung ist, daß eben das Trefflichste hier doch nur

Schulgut sei, mit bloß mäßigem Verdienst des einzelnen Meisters. Es verhält sich gerade wie bei der Volksdichtung. Der erste, welcher den Christustypus auf die Höhe hob, wie wir ihn am Nordportal von Reims finden, war ein sehr großer Künstler und wird noch manches Herrliche zum erstenmal geleistet haben.
In der völlig historischen Zeit, da bestimmte Künstlernamen fest an bestimmten Werken haften, wird dann das Prädikat »Größe« mit aller Sicherheit und fast übereinstimmend einer bestimmten Plejade von Meistern erteilt, bei welchen jeder geübte Blick das Primäre, die Unmittelbarkeit des Genius inne wird.
Ihre Werke, so reichlich sie auch schufen, sind doch nur in beschränkter Zahl über die Erde verbreitet, und wir dürfen für ihr dauerndes Dasein zittern.
Von den *Architekten* hat vielleicht keiner eine so klar zugestandene Größe, wie einzelne Dichter, Maler usw. sie besitzen. Sie müssen schon a priori die Anerkennung mit ihren Bauherren teilen; ein größerer Teil der Bewunderung strahlt auf das betreffende Volk, die betreffende Priesterschaft, den betreffenden Herrscher, – und dabei geht mehr oder weniger bewußt die Ansicht mit, daß Größe in der Architektur überhaupt mehr ein Produkt der betreffenden Zeit und Nation als dieses oder jenes großen Meisters sei. Dazu wird auch der Maßstab das Urteil trüben, und das Riesige oder auch das Prächtige wird ein Vorrecht auf die Bewunderung haben.
Ohnehin ist die Architektur vermeintlich unverständlicher als Malerei und Bildnerei, weil sie nicht

das Menschenleben darstelle; sie ist aber als Kunst gerade so schwer oder so leicht zu verstehen als diese beiden.

Außerdem tritt aber noch dasselbe oder ein ähnliches Phänomen ein wie bei den übrigen Künsten: die Schöpfer der Stile, welchen man gerne die Größe beilegte, kennt man in der Regel nicht, sondern nur die Vollender oder Verfeinerer; so bei den Griechen nicht denjenigen Meister, welcher den Typus des Tempels feststellte, wohl aber den Iktinos oder Mnesikles; – im Mittelalter nicht den Baumeister von Notre Dame von Paris, welcher die letzten entscheidenden Schritte zur Gotik tat, wohl aber eine ziemliche Anzahl von Meistern berühmter Kathedralen des 13. bis 15. Jahrhunderts.

Anders bei der Renaissance, wo wir eine Anzahl berühmter Architekten genau kennenlernen, und zwar nicht bloß weil die Zeit näher und die Urkunden an sich viel zahlreicher und sicherer sind, sondern weil sie nicht bloß einen Haupttypus wiederholen, vielmehr stets neue Kombinationen schaffen, so daß jeder etwas Unabhängiges geben konnte, innerhalb eines zwar einheitlichen, aber höchst biegsamen Formensystems. Auch wirkt auf uns nach der damalige Glaube an diese Architekten, welchen man Platz, Material und unerhörte Freiheit gönnte.

Eigentliche Größe aber wird im Grunde doch nur dem Erwin von Steinbach und dem Michelangelo zuerkannt, auf welche dann zunächst Brunellesco und Bramante folgen dürften. Freilich haben beide hiezu die Vorbedingung des massenhaft Großen erfüllen müssen, und Michelangelo hat für sich, daß er den Haupttempel einer ganzen Religion erbauen durfte. Für Erwin spricht der bis jetzt höchste Turm der Welt, der gar nicht nach seinem Plan ausgebaut ist, aber ohne diesen wäre seine Fassade mit der allerschönsten, durchsichtig gewordenen Gotik nie zu jenem ganz ausnahmsweisen und doch so wohlverdienten Ruhm gelangt. Michelangelo aber hat den schönsten Außenumriß und den herrlichsten Innenraum auf Erden mit seiner St. Peterskuppel erreicht; über ihn besteht zwischen der populären und der kunstgelehrten Betrachtung völlige Übereinstimmung.

Ganz am äußersten Ende der Künste, am ehesten in flüchtiger Verwandtschaft mit der Architektur, kommt die *Musik*, die man, um auf den Grund ihres Wesens zu kommen, ohne Verbindung mit Texten und vollends ohne Verbindung mit der dramatischen Darstellung als Instrumentalmusik betrachten muß.

Wunderbar und rätselhaft ist ihre Stellung. Wenn Poesie, Skulptur und Malerei sich noch immer als Darstellerinnen des erhöhten Menschenlebens geben mögen, so ist die Musik nur ein Gleichnis desselben. Sie ist ein Komet, der das Menschenleben in kolossal weiter und hoher Bahn umkreist, dann aber auf einmal sich wieder so nahe zu demselben herbeiläßt als kaum eine andere Kunst und dem Menschen sein Innerstes deutet. Jetzt ist sie phantastische Mathematik – und jetzt wieder lauter Seele, unendlich fern und doch nahe vertraut.

Ihre Wirkung ist (das heißt in den rechten Fällen) so groß und unmittelbar, daß das Dankgefühl sofort nach dem Urheber fragt und unwillkürlich dessen

Größe proklamiert. Die großen Komponisten gehören zu den unbestrittensten Größen. Zweifelhafter ist schon ihre Unvergänglichkeit. Sie hängt erstlich von stets neuen Anstrengungen der Nachwelt ab, nämlich den Aufführungen, welche mit den Aufführungen aller seitherigen und (jedesmal) zeitgenössischen Werke konkurrieren müssen, während die übrigen Künste ihre Werke ein für allemal hinstellen können, und zweitens hängt sie von der Fortdauer unseres Tonsystems und Rhythmus ab, welche keine ewige ist. Mozart und Beethoven können einer künftigen Menschheit so unverständlich werden als uns jetzt die griechische, von den Zeitgenossen so hochgepriesene Musik sein würde. Sie werden dann auf Kredit groß bleiben, auf die entzückten Aussagen unserer Zeit hin, etwa wie die Maler des Altertums, deren Werke verlorengegangen.

Und nun zum Schluß noch eines: wenn sich der gebildete Mensch bei Kunst und Poesie der Vergangenheit zum Mahle setzt, wird er die schöne Illusion, daß jene *glücklich* gewesen, als sie dies Große schufen, nie völlig von sich abwehren können oder wollen. Jene freilich retteten nur mit großen Opfern das Ideale ihrer Zeiten und kämpften im täglichen Leben den Kampf, den wir alle kämpfen. Ihre Schöpfungen sehen nur für uns aus wie gerettete und aufgesparte Jugend.

Von Kunst und Poesie aus ist der nächste Übergang auf diejenigen Größen, welche wesentlich der Kunst und Poesie ihr Dasein verdanken: auf die *Gestalten des Mythus*. Es mögen hier also diejenigen folgen, welche entweder gar nicht oder ganz anders existiert haben, als sie uns geschildert werden, die idealen oder idealisierten Männer, welche entweder als Stifter und Gründer an der Spitze der einzelnen Nationen stehen oder als Lieblingsgestalten der Volksphantasie in ein heroisches Alter der Nation versetzt werden. Wir dürfen sie deshalb nicht übergehen, weil dieses ganze Kapitel der Umdeutung des historisch Vorhandenen und der Neuschaffung von nicht Existierendem der stärkste Beweis für das Bedürfnis der Völker nach großen Repräsentanten ist.

Hieher gehören diejenigen Heroen des Mythus, welche teilweise verblaßte Götter, Göttersöhne, geographische und politische Abstrakta usw. sind, und zwar zuerst die Namensheroen und Archegeten eines Volkes als mythische Repräsentanten seiner Einheit.

Sie sind (zumal die Namensheroen) fast prädikatlos oder doch, wie Noah, Ismael, Hellen, Tuisko und Mannus nur durch wenige Züge als die Gründer bezeichnet; die Lieder, die von ihnen gehandelt haben mögen (so laut der Germania des Tacitus die auf Tuisko und Mannus), sind verlorengegangen.

Oder aber ihre Biographie enthält schon sinnbildlich, wie die des Abraham, Dschemschid, Theseus*, Romulus und seiner Ergänzung Numa, ein Stück von der Geschichte des Volkes, namentlich seiner wichtigsten Institutionen, in sich.

Andere sind nicht sowohl Archegeten als reine

---

* Im Theseus des Plutarch wird die Bedeutung eines κτιστής (ktistes) ganz deutlich dargestellt.

Ideale, in welchen das Volk nicht die Geschichte einer Polis, sondern direkt sein Edelstes personifiziert: Achill, welcher früh stirbt, *weil* das Ideal für die Welt zu herrlich ist, oder Odysseus, welcher lange Jahre gegen den Haß gewisser Götter kämpft und durch Prüfungen den Sieg erringt, dieser der Repräsentant der wirklichen Eigenschaften des urzeitlichen Griechen, der Schlauheit und Beharrlichkeit.
Ja, noch späte Völker erheben und verklären einzelne historische Gestalten zu populären Idealen, und zwar durch die freieste Umgestaltung: so die Spanier den Cid, die Serben den Marko, welche zu Urtypen des Volkes umgeschaffen sind.
Anderseits entstehen rein imaginäre volkstümliche Karikaturen, welche das Leben von irgendeiner Kehrseite darstellen und hier als Beweise der Leichtigkeit des poetischen Personifizierens dienen mögen. So ein Eulenspiegel oder die Masken der jetzigen italienischen Volksbühne; Meneking, Stenterello, Pulcinella usw., oder die mit Hilfe des Dialekts möglichen Stadtpersonifikationen; ja, es entsteht mit Hilfe der Zeichnung eine Figur, welche eine Nation personifiziert, wie John Bull als Pächter. Endlich finden sich hier auch Postulate des Künftigen, wie zum Beispiel der künftige Held im Simplizissimus und die merkwürdigste Gestalt dieser Art: der Antichrist.
Am Eingang der eigentlich historischen Größen nehmen eine sehr eigentümliche Stellung die *Religionsstifter* ein*. Sie gehören im höchsten Sinne zu

* Vgl. Lasaulx, S. 125ff.

den großen Männern, weil in ihnen dasjenige Metaphysische lebendig ist, welches dann fähig bleibt, Jahrtausende hindurch nicht bloß ihr Volk, sondern vielleicht noch viele andere Völker zu beherrschen, das heißt, religiös-sittlich beisammenzuhalten. In ihnen wird das unbewußt Vorhandene bewußt und verhüllt gewesenes Wollen zum Gesetz. Sie finden ihre Religion nicht durch einen Durchschnittskalkül, der auf kaltblütiger Betrachtung der sie umgebenden Menschen beruhte, sondern das Ganze lebt in ihrer Individualität mit unwiderstehlicher Gewalt. Selbst das unsauberste Exemplar, Mohammed, hat etwas von dieser Größe.

Hieher gehört auch die spezifische Größe der Reformation: ein Luther orientiert die Sittlichkeit, ja die ganze Weltanschauung seiner Anhänger neu. Dagegen ist Kalvin mit seiner Lehre gerade bei *seinem* französischen Volk unmöglich gewesen; die Mehrheit hat nur in Holland und England gewonnen*.

Endlich die *großen Männer der sonstigen historischen Weltbewegung.*

Die Geschichte liebt es bisweilen, sich auf einmal in einem Menschen zu verdichten, welchem hierauf die Welt gehorcht.

Die großen Individuen sind die Koinzidenz des Allgemeinen und des Besonderen, des Verharrenden und der Bewegung in *einer* Persönlichkeit. Sie resumieren Staaten, Religionen, Kulturen und Krisen.

---

* Hier müßte auch noch von den großen Gesetzgebern gesprochen werden.

Höchst erstaunlich sind schon diejenigen, durch welche ein ganzes Volk aus einem Kulturzustand plötzlich in einen andern übergeht, zum Beispiel vom Nomadentum zur Welteroberung, wie die Mongolen durch Dschingiskhan. Ja, die Russen unter Peter dem Großen sind hier zu erwähnen; denn sie wurden durch ihn aus Orientalen zu Europäern. Vollends aber erscheinen uns groß diejenigen, welche *Kultur*völker aus einem älteren Zustand in einen neuen hinüberführen. Dagegen gar nicht groß sind die bloßen kräftigen Ruinierer; Timur hat die Mongolen nicht gefördert; nach ihm war es schlimmer als vorher; er ist so klein, als Dschingiskhan groß ist.

In den *Krisen* kulminiert in den großen Individuen zusammen das Bestehende und das Neue (die Revolution). Ihr Wesen bleibt ein wahres Mysterium der Weltgeschichte; ihr Verhältnis zu ihrer Zeit ist ein ἱερὸς γάμος (hieros gamos = eine heilige Ehe), vollziehbar fast nur in schrecklichen Zeiten, welche den einzigen höchsten Maßstab der Größe geben, und auch allein nur das Bedürfnis nach der Größe haben.

Zwar ist jederzeit am Anfang einer Krisis großer Überfluß an vermeintlich großen Männern, wofür man die zufälligen Anführer der Parteien, oft wirklich Leute von Talent und Frische, gütigst zu nehmen pflegt. Dabei besteht die naive Voraussetzung, daß eine Bewegung von Anfang an ihren Mann finden müsse, der sie bleibend und vollständig repräsentiere, während sie selber so bald in Wandlungen hineingerät, wovon sie anfangs keine Ahnung gehabt.

Diese Anfänger sind daher nie die Vollender, sondern werden verschlungen, weil sie die Bewegung auf deren anfänglichem Stadium darstellten und daher nicht mitkommen konnten, während das neue Stadium schon seine eigenen Leute bereit hält.
In der Französischen Revolution, wo die Schichten merkwürdig genau abwechseln, war selbst wirkliche Größe (Mirabeau) dem zweiten Stadium nicht mehr gewachsen. Weit die meisten der früheren Revolutionszelebritäten werden beseitigt, sobald ein anderer der herrschenden Leidenschaft noch besser entspricht, was kaum schwierig ist. Warum aber haben Robespierre und St. Just und auch Marius keine Größe trotz aller Vehemenz und unleugbaren historischen Wichtigkeit? Solche stellen nie ein Allgemeines, sondern nur das Programm und die Wut einer Partei dar. Ihre Anhänger mögen versuchen, sie bei den Religionsstiftern unterzubringen.
Inzwischen reift, von wenigen erkannt, zwischen gewaltigen Gefahren derjenige heran, welcher dazu geboren ist, die schon weit gediehene Bewegung zu einem Abschluß zu führen, deren einzelne Wogen zu bändigen und sich rittlings über den Abgrund zu setzen.

Die *Gefahren der Anfänge* sind typisch dargestellt in der Art, wie Herodes nach dem Jesuskind fahnden läßt. – Cäsar wird wegen Trotzes gegen Sulla tödlich bedroht, der viele »Mariuse« in ihm ahnt, Cromwell mit Prozessen heimgesucht und an der Auswanderung gehindert. Irgend etwas von dem außeror-

dentlichen Wesen des Betreffenden pflegt nämlich doch schon frühe durchzublitzen.
Wie viele Höchstausgestattete untergingen, bis einer sich von Stadium zu Stadium durchschlug, drückt sich dann als Rückschlag aus in dem Fanatismus vieler großer Männer, obschon dabei auch ein Stück Ruhmsinn tätig ist, indem man sich offen für wichtig genug erklärt, um für das Fatum ein ernstes Objekt zu sein.
Der Erbfürst eines großen Reiches ist zwar über diese Gefahren der Anfänge hinaus und tritt gleich diejenige Macht, in welcher er Größe entwickeln kann, vollständig an. Dafür ist er durch die frühe Möglichkeit von Willkür und Genuß weiter vom Erreichen der Größe entfernt und von Anfang an nicht zur Entwicklung *aller* inneren Kräfte angespornt. Weit das größte Beispiel ist Alexander der Große; dann dürften Karl der Große, Peter der Große, Friedrich der Große folgen.

Hier, vor der Charakteristik der Größe, ist am besten auch die *»relative Größe«* zu erörtern, welche wesentlich in der Torheit oder Niedrigkeit der übrigen besteht und nur aus dem Abstand überhaupt entspringt. Ohne einige bedeutende Eigenschaften ist auch diese nicht denkbar. Sie meldet sich besonders in Erbfürstentümern und ist wesentlich die Größe der orientalischen Despoten, von welcher man nur selten genau Rechenschaft geben kann, weil sie sich nicht im Konflikt mit ihrer Welt ausbilden und auswachsen und daher keine innere Geschichte, keine Entwicklung, kein Werden haben. Auch die Größe Justinians zum Beispiel ist dies, der dann aber freilich mit Unrecht tausend Jahre lang als ein großer, guter und heiliger Mann gegolten hat. Es gibt übrigens auch leere Jahrhunderte, wo man mit einer Größe, wie die seinige, eher vorlieb nimmt als sonst. Zwischen dem Tode Theoderichs und dem Auftreten Mohammeds hat gerade eine solche offizielle Figur Platz. Aber wirkliche Größe hat in dieser Zeit doch nur Papst Gregor I.

Nun aber mag die Größe auf die Menschen losschreitend betrachtet werden. Womit und in welchem Augenblicke beginnt ihre Anerkennung in der jedesmaligen Gegenwart? Die Menschen sind teils unsicher und zerfahren und leicht zum Anschluß bereit, zum Teil neidisch oder sehr gleichgültig. Welches werden nun die Eigenschaften oder Taten sein, um derentwillen die schon längst latent vorhandene Bewunderung der nächsten Umgebung zu einer allgemeinen Bewunderung wird?

Wenn es sich hier nun also um das *Wesen der Größe* handelt, so müssen wir uns vor allem dagegen verwahren, daß im folgenden sittliche Ideale der Menschheit sollten geschildert werden; denn das große Individuum ist ja nicht zum Vorbild, sondern als Ausnahme in die Weltgeschichte gestellt. Für uns aber sind nun folgendes die *Umrisse der Größe:*

Die *Fähigkeiten* entwickeln sich oder schließen sich wie selbstverständlich und vollständig auf mit dem Selbstbewußtsein und den Aufgaben. Der große Mensch erscheint in jeder Stellung nicht nur komplett, sondern jede scheint für ihn sogleich zu klein; er füllt sie nicht bloß aus, sondern er kann sie sprengen.

Fraglich ist, wie lange er sich wird bändigen, sich die Größe seines Wesens verzeihen lassen können.
Abnorm ist seine Macht und Leichtigkeit in allen geistigen (und selbst leiblichen) Funktionen, im Erkennen sowohl als im Schaffen, in der Analyse wie der Synthese.
Dazu ist ihm eigen und natürlich die Fähigkeit, sich nach Belieben auf *eine* Sache zu konzentrieren und dann ebenso zu einer anderen überzugehen. Daher erscheinen ihm die Dinge einfach, während sie uns höchst kompliziert erscheinen und einander gegenseitig stören. Wo wir konfus werden, da wird er erst recht klar.* Das große Individuum übersieht und durchdringt jedes Verhältnis, im Detail wie im ganzen, nach Ursachen und Wirkungen. Dies ist eine unvermeidliche Funktion seines Kopfes. Auch die kleinen Verhältnisse sieht es, schon weil sie in der Multiplikation groß werden, während es sich von der Kenntnis der kleinen Individuen dispensieren darf.
Völlig klar schaut es zwei Hauptsachen: es sieht zunächst überall die wirkliche Lage der Dinge und der möglichen Machtmittel und läßt sich durch keinen bloßen Schein blenden und durch keinen *Lärm des Augenblicks* betäuben. Von allem Anfang an weiß es, welches die Grundlagen seiner künftigen Macht sein können. Gegenüber Parlamenten, Senaten,

---

* Die verschiedenen Gegenstände fanden sich bei Napoleon nach seiner Aussage casés dans sa tête comme ils eussent pu l'être dans une armoire. »Quand je veux interrompre une affaire, je ferme son tiroir et j'ouvre celui d'une autre … Veux-je dormir, je ferme tous les tiroirs et me voilà au sommeil.«

Versammlungen, Presse, öffentlicher Meinung weiß es jederzeit, wieweit sie wirkliche Mächte oder bloß Scheinmächte sind, die es dann einfach benützt. Dieselben mögen sich hernach wundern, daß sie bloß Mittel waren, während sie sich für Zwecke hielten.

Sodann aber weiß es den Moment des Eingreifens zum voraus, während wir die Sachen erst hernach aus Zeitungen lernen. In betreff dieses Moments beherrscht es seine Ungeduld (wie Napoleon 1797 tat) und kennt kein Zagen. Es schaut alles vom Gesichtspunkt der nutzbaren Kraft aus, und da ist ihm kein Studium zu mühsam.

Bloße Kontemplation ist mit einer solchen Anlage unvereinbar; in dieser lebt vor allem wirklicher Wille, sich der Lage zu bemächtigen, und zugleich eine abnorme Willens*kraft*, welche magischen Zwang um sich verbreitet und alle Elemente der Macht und Herrschaft an sich zieht und sich unterwirft. Dabei wird sie von ihrem Überblick und Gedächtnis nicht beirrt, sondern handhabt die Elemente der Macht in ihrer richtigen Koordination, ganz als gehörten sie ihr von Hause aus.

Ordinärer Gehorsam gegen irgendwie zur Macht Gekommene findet sich bald. Hier dagegen bildet sich die Ahnung der Denkenden, daß das große Individuum da sei, um Dinge zu vollbringen, die nur ihm möglich und dabei notwendig seien. Der Widerspruch in der Nähe wird völlig unmöglich; wer noch widerstehen will, muß außer dem Bereich des Betreffenden, bei seinen Feinden leben und kann ihm nur noch auf dem Schlachtfeld begegnen.

»Je suis une parcelle de rocher lancée dans l'espa-

ce«, sagte Napoleon. So ausgerüstet, tut man dann auch in wenigen Jahren die sogenannte »Arbeit von Jahrhunderten«.
Endlich als kenntlichste und notwendigste Ergänzung kommt zu diesem allem die *Seelenstärke*, welche es allein vermag und daher auch allein liebt, im Sturme zu fahren. Sie ist nicht boß die passive Seite der Willenskraft, sondern verschieden von ihr.
Schicksale von Völkern und Staaten, Richtungen von ganzen Zivilisationen können daran hangen, daß ein außerordentlicher Mensch gewisse Seelenspannungen und Anstrengungen ersten Ranges in gewissen Zeiten aushalten könne.
Alle seitherige mitteleuropäische Geschichte ist davon bedingt, daß Friedrich der Große dies von 1759 bis 1763 in supremem Grade konnte.
Alles Zusammenaddieren gewöhnlicher Köpfe und Gemüter nach der Zahl kann dies nicht ersetzen.
Im Erdulden großer dauernder Gefahren, zum Beispiel beständiger Attentatsgefahr, bei höchster Anstrengung der Intelligenz, vollzieht das große Individuum deutlich einen Willen, der über sein Erdendasein weit hinausreicht. Dies ist die Größe des Oranien-Taciturnus und des Kardinals Richelieu. Letzterer war kein Engel und seine Staatsidee keine gute, aber die damals einzig mögliche. Und sowohl der Taciturnus (welchem Philipp beständig heimliche Anerbieten machte), als auch Richelieu hätten ihren Frieden mit den Gegnern machen können.
Dagegen haben Louis Philippe und Victoria wegen der vielen Attentate zwar Anspruch auf unsere Teil-

nahme, aber nicht auf Größe, weil ihre Stellung eine gegebene war.

Das Allerseltenste aber ist bei weltgeschichtlichen Individuen die *Seelengröße*. Sie liegt im Verzichtenkönnen auf Vorteile zugunsten des Sittlichen, in der freiwilligen Beschränkung nicht bloß aus Klugheit, sondern aus innerer Güte, während die politische Größe egoistisch sein muß und alle Vorteile ausbeuten will. Verlangen kann man sie a priori nicht, weil, wie schon gesagt, das große Individuum nicht als Vorbild, sondern als Ausnahme hingestellt ist; die historische Größe betrachtet aber von vornherein als erste Aufgabe, sich zu behaupten und zu steigern, und Macht bessert den Menschen überhaupt nicht.

Seelengröße möchte man zum Beispiel, wie Prévost-Paradol in der France nouvelle tut, von Napoleon nach dem Brumaire gegenüber von dem erschütterten, durch ein freies Staatsleben zu heilenden Frankreich verlangen. Allein Napoleon sagte (Februar 1800) zu Matthieu Dumas: »J'ai bientot appris en m'asseyant ici (in den Fauteuil Ludwigs XVI.), qu'il faut bien se garder de vouloir tout le bien qu'on pourrait faire; l'opinion me dépasserait.« Und nun behandelt er Frankreich nicht als einen Schutzbefohlenen oder Patienten, sondern als Beute.

Eine der deutlichsten Proben der Größe in der Vergangenheit tritt damit ein, daß wir dringend wünschen (wir Nachwelt), die Individualität näher kennenzulernen, das heißt das Bild nach Kräften zu ergänzen.

Bei den Gestalten der Urzeit hilft eine individuali-

sierende Volksphantasie nach, ja sie schafft wohl erst das Bild.
Bei den uns näher stehenden Gestalten kann nur urkundlich bezeugte Geschichte helfen, woran es dann oft gebricht. Phantasten aber legen Beliebiges hinein, und historische Romane verwerten oder verunwerten die großen Gestalten auf ihre Manier.
Es gibt sehr große Individuen, welche besonderes Unglück gehabt haben. Karl Martell, dessen weltgeschichtliche Wirkung von erstem Range, und dessen individuelle Kraft jedenfalls bedeutend gewesen, hat weder sagenhafte Verklärung noch auch nur eine Zeile individueller Schilderung für sich; – was etwa von ihm in der mündlichen Tradition lebte, mag sich mit der Gestalt seines Enkels verschmolzen haben.
Wenn aber die Kunde reichlicher fließt, dann ist höchst wünschbar, daß in dem großen Menschen ein bewußtes Verhältnis zum Geistigen, zur Kultur seiner Zeit nachweisbar sei, daß ein Alexander einen Aristoteles zum Erzieher gehabt habe. Einem solchen allein trauen wir dann eine höchst gesteigerte Genialität und den wahren Genuß seiner welthistorischen Stellung schon bei Lebzeiten zu. So denken wir uns Cäsar.
Und alles ist erfüllt, wenn sich noch Anmut des Wesens und allstündliche Todesverachtung hinzugesellt und, wie auch bei Cäsar, der Wille des Gewinnens und Versöhnens, ein Gran Güte! Ein Seelenleben wenigstens, wie das des leidenschaftlichen Alexander!
Das Hauptporträt eines mangelhaft ausgestatteten

Menschen ersten Ranges ist das Napoleons in der France nouvelle von Prévost-Paradol. Napoleon ist die Garantielosigkeit in Person, insofern er die in seiner Hand konzentrierten Kräfte einer halben Welt rein auf sich orientiert. Sein stärkster Gegensatz ist Wilhelm III. von Oranien, dessen ganze politische und militärische Genialität und herrliche Standhaftigkeit in beständigem und vollkommenem Einklang mit den wahren und dauernden Interessen von Holland und England gestanden hat. Das allgemeine Resultat überwog immer weit das, was man etwa über seinen persönlichen Ehrgeiz vorbringen mochte; und erst nach seinem Tode begann sein ganz großer Ruhm. Wilhelm III. besaß und handhabte gerade alle die Gaben, welche für seine *Stellung* im höchsten Grade wünschbar waren.

Schwierig ist es oft, Größe zu unterscheiden von bloßer *Macht*, welche gewaltig blendet, wenn sie neu erworben oder stark vermehrt wird. Für unsere Neigung, diejenigen für groß zu halten, durch deren Tun unsere eigene Existenz bedingt ist, möge auf den Anfang dieser Erörterung verwiesen sein; die Quelle dieser Neigung besteht in dem Bedürfnis, uns durch fremde Größe wegen unserer Abhängigkeit zu entschuldigen.

Von dem weiteren Irrtum, Macht ohne weiteres für Glück und Glück für etwas dem Menschen Gebührendes, Adäquates zu halten, ist hier besser zu schweigen. Völker haben bestimmte große Lebenszüge an den Tag zu bringen, ohne welche die Welt unvollständig wäre, und zwar völlig ohne Rücksicht auf die Beglückung der einzelnen, auf eine möglichst große Summe von Lebensglück.

Unverhältnismäßig blendend ist vor allem die Wirkung der *Kriegstaten*, welche unmittelbar auf das Schicksal Unzähliger einwirken und dann wieder mittelbar durch Begründung neuer Verhältnisse des Daseins, vielleicht auf lange Zeiten.

Das Kriterium der Größe ist hier letzteres, denn bloß militärischer Ruhm verblaßt mit der Zeit zu bloßer fachhistorischer, kriegsgeschichtlicher Anerkennung.

Aber diese dauernden neuen Verhältnisse dürfen nicht bloß Machtverschiebungen sein, sondern es muß ihnen eine große Erneuerung des nationalen Lebens entsprechen. Ist dies der Fall, so wird die Nachwelt dem Urheber unfehlbar und mit Recht eine mehr oder weniger bewußte Absicht bei jenen Taten und daher Größe zuschreiben.

Eine besondere Spezies ist der *Revolutionsgeneral*: Es kommen im Verlauf einer tiefen Erschütterung des Staatslebens – wobei die Nation physisch und geistig noch frisch, ja in einem Prozeß der Erfrischung begriffen, politisch aber doch schon sehr ausgelebt sein kann –, beim völligen Wegfall oder Unmöglichwerden früherer Gewalten, Stimmungen über die Menschen, da die Sehnsucht nach etwas, was diesen früheren Gewalten analog ist, unwiderstehlich wird. Da gewöhnt man sich, die Quelle der weiteren Erlebnisse in einem glücklichen General zu erkennen oder zu erwarten und ihm auch die Gabe der politischen Regierung zuzutrauen, da ja das Staatsleben günstigsten Falles zunächst doch nur aus Befehlen und Gehorchen bestehen kann. Kriegstaten gelten dann als völlig genügende Garantie vor allem der Entschlußkraft und der Tatkraft, und dabei ist es *einer* – in Zeiten, da man von Wirrköpfen und von Verbrechern, und zwar von *vielen*, Unerhörtes hat ausstehen oder befürchten müssen. Für den *einen* arbeitet dann die gehabte Angst, die Ungeduld der sogenannten Ruheliebenden (das »wenn er doch nur entschieden fertig machte!«), die Furcht sowohl vor ihm als vor den andern weiter, und um sich vor sich selbst zu rechtfertigen, schlägt sie äußerst gern in Bewunderung um. Überhaupt bildet die Phantasie von selbst an einer solchen Gestalt weiter. Und nun ist eben der entscheidende Moment, da Größe möglich wird, überhaupt der, da die Phantasie vieler sich mit *einem* beschäftigt.

Aber ein solcher kann noch immer wegsterben wie Hoche oder sich politisch ungenügend erweisen wie Moreau. Erst nach diesen beiden kam Napoleon. – Viel schwerer als er hatte es Cromwell, der zwar seit 1644 durch die Armee tatsächlich Herr war, aber dem Lande die tiefste Erschütterung und Terreur *ersparte*; er hat sich damit selbst im Wege gestanden.

Im Altertum, wenigstens in den griechischen Staaten, wo eine ganze Kaste von Freien sämtlich groß und stark und trefflich sein wollte, kam man nicht wesentlich als Feldhauptmann empor. Auch als Tyrann wurde keiner zu einer historischen Größe, obwohl interessante, bedeutende Köpfe unter den Tyrannen reichlich sind, und zwar, weil hier der Bogen zu eng war und keiner auch nur irgend einen beträchtlichen Teil der griechischen Nation unter sich brachte, keiner irgendwie dem Ganzen entsprach. Allein gleichwohl gibt es in Hellas Menschen, welchen wir wahre, auch auf dem engsten Raum betätigte Größe beilegen. Mit- und Nachwelt haben sich mit Leuten beschäftigen müssen, die höchstens über das Schicksal von einigen Hunderttausenden zu entscheiden hatten, aber die Kraft hatten, sich der Heimat im guten und bösen objektiv gegenüberzustellen.

Denken wir hier vor allem an Themistokles. Er war bedenklich von Jugend auf; sein Vater soll ihn verstoßen, seine Mutter sich seinetwegen erhängt haben, und doch wurde er später medium Europae et Asiae vel spei vel desperationis pignus*. Er und Athen ringen beständig miteinander; ganz einzig ist, wie er es im Perserkriege rettet und es doch völlig wie etwas Fremdes sich gegenüberzuhalten weiß, von dem er innerlich frei ist.

Denjenigen, welche hier emporkamen, gelang dies nur durch einen Komplex von bedeutenden Eigenschaften und nur unter heftigen Gefahren. Das ganze Dasein weckte den stärksten individuellen Ehrgeiz, duldete ihn aber kaum an gebietender Stelle, setzte ihm in Athen den Ostrazismus entgegen und trieb ihn in Sparta zum heimlichen und offenen Frevel.

Dies ist der berühmte Undank der Republiken. Auch Perikles ist ihm nahezu erlegen, weil er über den Athenern stand, ihr Höchstes in sich vereinigte. Man hört nicht, daß er darob als über ein inauditum

---

* Valer. Max. VI, 11.

nefas die Götter angerufen hätte; er mußte wissen, daß Athen ihn eben kaum duldete.
Dagegen personifizierte Alkibiades Athen im guten und bösen; er stand nicht darüber, sondern war Athen selbst. Hier liegt eine Art Größe in der völligen Koinzidenz einer Stadt mit einem Individuum. Die Stadt warf sich ihm trotz dem Unerhörtesten, was vorgegangen war, wie ein leidenschaftliches Weib wieder an den Hals, um ihn dann nochmals zu verlassen.
Bei ihm ist die frühe und permanente Absicht, die Phantasie seiner Mitbürger auf sich zu lenken, und auf sich allein. – Auf Cäsar in seiner Jugend lenkte sich die Phantasie der Römer wirklich, aber ohne daß seine vornehme Natur dies bezweckt zu haben scheint. Freilich, als es an das Ämtersuchen ging, bestach er die Römer kecker als alle seine Konkurrenten, aber eben nur den Stimmpöbel und nur ad hoc. Auch sonst ist die Größe der Römer eine wesentlich andere als die der Griechen.
Sehr zweifelhaft ist und bleibt die Größe der *Hierarchen*, eines Gregor VII., St. Bernhard, Innozenz III., vielleicht auch noch späterer.
An ihrem Andenken rächt sich zunächst die falsche Aufgabe: ihr Reich zu einem Reich von dieser Welt zu machen. Aber auch, wenn dies auf sich beruhen bliebe, bleiben doch die Männer nicht groß. Sie frappieren zwar durch die enorme Keckheit, womit sie der profanen Welt entgegentreten und ihre Herrschaft zumuten, aber Herrschergröße zu entwickeln fehlt ihnen schon die Gelegenheit, weil sie nicht direkt, sondern unter anderem durch vorher gemißhandelte und erniedrigte weltliche Gewalten

herrschen, sich also mit gar keinem Volkstum wirklich identifizieren und in die Kultur nur mit Verboten und polizeilich eingreifen.
St. Bernhard begehrt nicht einmal Bischof, geschweige Papst zu werden, regiert aber von draußen um so ungescheuter in Kirche und Staat hinein. Er war ein Orakel und half den Geist des 12. Jahrhunderts unterdrücken; beim schlechten Ausgang seiner Hauptstiftung, des zweiten Kreuzzugs, nahm er einen tüchtigen Schuh voll mit heraus.
Diese Hierarchen brauchen sich sogar nicht einmal als wahre, ganze Menschen zu entwickeln, da jeder Mangel der Person, jede Einseitigkeit und Unvollständigkeit durch die Weihe gedeckt wird.
Ebenso sind sie im Konflikt mit den weltlichen Gewalten gedeckt und bevorzugt durch die Anwendung der geistlichen Gewaltmittel.
Nachwelt und Geschichte aber bringen diese unbilligen Vorteile in Abzug, wenn über solche Persönlichkeiten geurteilt wird.
Einen Vorteil haben sie: im Leiden groß scheinen zu können und in der Niederlage nicht eo ipso Unrecht zu behalten wie die weltlichen Größen. Aber sie müssen von diesem Vorteil Gebrauch machen; denn wenn sie in eine Gefahr kommen und sich ohne Martyrium herausziehen wollen, machen sie einen schlechten Effekt.
Eine wirkliche Größe und Heiligkeit aber hat Gregor der Große. Er hat ein wahres Verhältnis zur Rettung von Rom und Italien vor der Wildheit der Langobarden; sein Reich ist noch nicht eigentlich von dieser Welt; er verkehrt eifrig mit zahlreichen Bischöfen und Laien des Okzidents, ohne Zwang

gegen sie ausüben zu können oder zu wollen; er operiert nicht wesentlich mit Bann und Interdikt; von den Weihekräften des römischen Bodens und seiner Heiligengrüfte ist er völlig naiv durchdrungen.

Wenn die Zeit es erlaubte, müßten nun eigentlich noch viele Kategorien von Größen durchgegangen werden; indes müssen wir uns mit diesen begnügen, um uns nunmehr dem *Schicksal und der Bestimmung des großen Individuums* zuzuwenden.

Wenn dieses seine Macht ausübt, so wird es abwechselnd als der höchste Ausdruck des Gesamtlebens oder als im tödlichen Streit mit dem bisherigen Zustande erscheinen, bis eins von beiden unterlegen ist.

Unterliegt in diesem Kampfe der große Mann, zum Beispiel ein Oranien-Taciturnus, in gewissem Sinne auch Cäsar, so übernimmt bisweilen das Gefühl der Nachwelt die Sühne und Rache und holt das ganze Pathos in dem Beweise nach, wie sehr jener das Ganze vertreten und in seiner Persönlichkeit dargestellt habe; – freilich geschieht dies oft nur, um für sich selber zu demonstrieren und bestimmte Zeitgenossen zu ärgern.

Die Bestimmung der Größe scheint zu sein, daß sie einen Willen vollzieht, der über das Individuelle hinausgeht, und der je nach dem Ausgangspunkt als Wille Gottes, als Wille der Nation oder Gesamtheit, als Wille eines Zeitalters bezeichnet wird. So erscheint uns jetzt in hohem Grade als Wille eines bestimmten Weltalters die Tat Alexanders: die Eröffnung und Hellenisierung Asiens; denn auf sein Tun sollten sich ja dauernde Zustände und Kultu-

ren, oft für viele Jahrhunderte, gründen; ein ganzes Volkstum, eine ganze Zeit scheint von ihm Dasein und Sicherung verlangt zu haben. Hiezu bedarf es aber auch eines Menschen, in welchem Kraft und Fähigkeit von unendlich vielen konzentriert ist.
Der Gesamtwille, dem das Individuum dient, kann nun ein bewußter sein: es vollzieht diejenigen Unternehmungen, Kriege und Vergeltungsakte, welche die Nation oder die Zeit haben will. Alexander nimmt Persien, und Bismarck einigt Deutschland. Oder aber er ist ein unbewußter: das Individuum weiß, was die Nation eigentlich wollen müßte, und vollzieht es; die Nation aber erkennt dies später als richtig und groß an; Cäsar unterwirft Gallien, Karl der Große Sachsen.
Es zeigt sich, scheint es, eine geheimnisvolle Koinzidenz des Egoismus des Individuums mit dem, was man den gemeinen Nutzen oder die Größe, den Ruhm der Gesamtheit nennt.
Hiebei meldet sich dann die merkwürdige *Dispensation von dem gewöhnlichen Sittengesetz*. Da sie konventionellerweise den Völkern und andern großen Gesamtheiten gestattet wird, so wird sie logisch unvermeidlich auch denjenigen Individuen gestattet, die für die Gesamtheit handeln. Nun ist tatsächlich noch gar nie eine Macht ohne Verbrechen gegründet worden, und doch entwickeln sich die wichtigsten materiellen und geistigen Besitztümer der Nationen nur an einem durch Macht gesicherten Dasein. So tritt denn der »Mann nach dem Herzen Gottes« auf, ein David, Konstantin, Chlodwig, welchem alle Ruchlosigkeit nachgesehen wird, freilich um irgend eines religiösen Verdienstes wil-

len, doch auch ohne dieses. – Für einen Richard III. freilich gibt es keine solche Nachsicht; denn alle seine Verbrechen waren nur Vereinfachungen seiner individuellen Situation.

Wer also einer Gesamtheit Größe, Macht, Glanz verschafft, dem wird das Verbrechen nachgesehen, namentlich der Bruch abgedrungener politischer Verträge, indem der Vorteil des Ganzen, des Staates oder Volkes, absolut unveräußerlich sei und durch nichts auf ewig beschädigt werden dürfe; nur muß man dann fortfahren, groß zu sein, und wissen, daß man auch den Nachfolgern das fatale Legat hinterläßt, Genie haben zu müssen, um das gewaltsam Gewonnene so lange zu behaupten, bis alle Welt daran als ein Recht gewohnt ist.

Auf den Erfolg kommt hier alles an. Derselbe Mensch, mit derselben Persönlichkeit ausgestattet gedacht, würde für Verbrechen, die nicht zu jenen Resultaten führen würden, keine Nachsicht finden. Erst weil er Großes vollbracht, findet er dann diese Nachsicht, auch für seine Privatverbrechen.

Was die letzteren betrifft, so sieht man ihm das offene Gewährenlassen seiner Leidenschaften nach, weil man ahnt, daß in ihm der ganze Lebensprozeß viel heftiger und gewaltiger vor sich gehe als bei den gewöhnlichen Naturen. Auch die viele Versuchung und die Straflosigkeit mögen ihn teilweise entschuldigen. Und dazu kommt die unstreitige Verwandtschaft des Genius mit dem Wahnsinn. Alexander verriet vielleicht ein beginnendes Irrewerden, als er bei der Trauer um Hephästion einen materiellen Ausdruck suchte wie das Scheren aller Rosse und die Demolition aller Städtezinnen.

Es wäre nun gar nichts gegen jene Dispensation vorzubringen, wenn die Nationen wirklich etwas so Unbedingtes a priori zu ewigem und mächtigem Dasein Berechtigtes wären. Allein dies sind sie nicht, und das Begünstigen des großen Verbrechens hat auch für sie die Schattenseite, daß dessen Missetaten sich nicht auf dasjenige beschränken, was die Gesamtheit groß macht, daß die Abzirkelung des löblichen und notwendigen Verbrechens in der Art des »Principe« ein Trugbld ist*, und daß die angewandten Mittel auf das Individuum zurückwirken und ihm auf die Länge auch den Geschmack an den großen Zwecken nehmen können.
Eine sekundäre Rechtfertigung der Verbrechen der großen Individuen scheint dann darin zu liegen, daß durch dieselben den Verbrechen zahlloser andern ein Ende gemacht wird. Bei dieser Monopolisierung des Verbrechens durch die Herrschaft eines Gesamtverbrechers kann die Sekurität des Ganzen in hohem Grade gedeihen. Bevor er auftrat, hatten vielleicht die Kräfte einer glänzend begabten Nation in dauerndem Zernichtungskampf gegeneinander gelegen und hatten das Aufkommen alles dessen verhindert, was zu seiner Blüte Ruhe und Sicherheit verlangt. Das große Individuum aber zerstört, bändigt oder engagiert die wilden Einzelegoismen; sie addieren sich plötzlich zu einer Macht, die in seinem Sinne weiterdient. In solchen

* Napoleon auf St. Helena nimmt einfach die Notwendigkeit als Maßstab an: Ma grande maxime a toujours été qu'en politique comme en guerre tout mal, fût'il dans les règles, n'est excusable qu'autant qu'il est absolument nécessaire; tout ce qui est au delà, est crime.«

Fällen – denken wir zum Beispiel an Ferdinand und Isabel – erstaunt man dann bisweilen über das rasche und glänzende Aufschießen der bisher zurückgehaltenen Kultur, welche dann den Namen des großen Mannes trägt als das Jahrhundert des N.N. Endlich kommt für das politische Verbrechen noch die bekannte Lehre in Betracht: »Wenn wir es nicht tun, so tun es andere.« Man würde sich im Nachteil glauben, wenn man moralisch verführe. Ja, es kann eine schreckliche Tat im Anzug sein, in der Luft liegen, welche dem, der sie vollziehen wird, Herrschaft oder Machtzuwachs sichert oder gar erst verleiht, und nun vollzieht die bestehende Regierung, wenn sie nicht beiseite geschoben werden will, das Verbrechen. So bemächtigt sich Katharina Medici statt der Guisen der Bluthochzeit. Wenn sie in der Folge Größe und wirkliche Herrscherkraft bewiesen hätte, so würde ihr die französische Nation den Greuel völlig nachgesehen haben. Allein sie geriet später doch ins Schlepptau der Guisen und hat nun die Verdammnis nutzlos auf sich. – Auch über den Staatsstreich von 1851 wäre hier ein Wort zu sagen.

Was den *inneren Sporn des großen Individuums* betrifft, so stellt man in erste Linie meist den Ruhmessinn oder dessen gewöhnliche Ausprägung, den Ehrgeiz, also das Verlangen nach *Ruhm* bei der Mitwelt, einem Ruhme, der doch eigentlich mehr Gefühl der Abhängigkeit als ideale Bewunderung ist*.

---

* Auch der Ruhm bei der Nachwelt ist nicht ganz frei davon; man verehrt *den* Längstverstorbenen, von welchem unser Dasein bedingt ist.

Indes der Ehrgeiz wirkt doch nur sekundär mit und der Gedanke an die Nachwelt ist tertiär, so derb bisweilen der Ausdruck lauten mag, wie denn Napoleon auf Elba sagte: »Mon nom vivra autant que celui de Dieu.«* Ein sehr ausgesprochener Durst nach diesem Ruhm war allerdings bei Alexander vorhanden; andere große Männer aber haben sich nicht erweislich mit dem Gedanken an die Nachwelt beschäftigt; es mochte ihnen genügen, wenn ihr Tun die Schicksale derselben bestimmen half. Auch lieben wohl Mächtige eher die Schmeichelei als den Ruhm, weil letzterer nur ihrem Genius huldigt, wovon sie ja ohnehin überzeugt sind, erstere aber ihre Macht konstatiert.

Das Entscheidende, Reifende und allseitig Erziehende ist viel eher der *Machtsinn*, der als unwiderstehlicher Drang das große Individuum an den Tag treibt, auch wohl in der Regel mit einem solchen Urteil über die Menschen verbunden ist, daß nicht mehr auf das zum Ruhme summierte Meinen derselben, sondern auf ihre Unterordnung und Brauchbarkeit gesehen wird.

Aber der Ruhm, welcher vor denen flieht, die ihn suchen, folgt denen nach, welche sich nicht um ihn bemühen.

Und zwar geschieht dies in ziemlicher Unabhängigkeit von dem sachlichen oder Fachurteil. In der Tradition, im populären Urteil richtet sich nämlich der Begriff der Größe nicht ausschließlich nach dem gehabten Verdienst um das erhöhte Gedeihen

* Fleury de Chaboulon, Mém. I, S. 115.

des Ganzen, auch nicht nach genauer Messung der Fähigkeit, ja nicht einmal nach der historischen Wichtigkeit, sondern das Entscheidende ist am Ende doch die »Persönlichkeit«, deren Bild sich magisch weiterverbreitet. Dies ist zum Beispiel recht gut bei den Hohenstaufen nachzuweisen, von denen der hochwichtige Heinrich VI. rein vergessen ist, von Konrad III. und IV. selbst die Namen vergessen sind (während die Konradinswehmut vollends ganz neuen Datums ist), Friedrich I. dagegen mit dem in der Ferne verschwundenen Friedrich II. zusammengeschmolzen wurde. Und nun wurde dessen Wiederkommen erwartet, dessen Hauptlebensziel, die Unterwerfung Italiens, mißraten und dessen Regierungssystem im Reich von sehr zweifelhaftem Wert gewesen war. Seine Persönlichkeit muß die Resultate weit überwogen haben; gemeint war aber mit der Erwartung doch wohl Friedrich I.

Eigentümlich ist die *Umgestaltung und Färbung*, welche die einmal für groß Erkannten erfahren. On ne prête qu'aux riches; Mächtigen bietet man von selber Anleihen dar, und so bekommen die großen Männer von ihren Nationen und Bekennern sowohl gewisse Eigenschaften als auch Sagen und Anekdoten geliehen, in welchen eigentlich irgend welche Seite des Volkstypus sich ausspricht. Ein Beispiel aus heller historischer Zeit bietet Henri IV. Auch der spätere Historiker kann sich hier nicht immer frei halten; schon seine Quellen können unbewußt davon tingiert sein, und eine allgemeine Wahrheit liegt immerhin in solchen fingierten Zutaten.

Dagegen ist die Nachwelt eher streng gegen solche, die einst bloß mächtig gewesen sind, wie Louis XIV., und malt sich dieselben ins Schlimmere aus.
Gegenüber der Symbolisierung des Nationalen oder der Erhebung der Persönlichkeit zum Typus tritt aber auch eine *Idealisierung* auf. Mit der Zeit nämlich werden die großen Männer von jeder Fraglichkeit der Taxation, von jeder Nachwirkung des Hasses derer, die unter ihnen gelitten, frei; ja ihre Idealisierung kann dann in mehrfachem Sinne zugleich erfolgen, so die Karls des Großen als Held, Fürst und Heiliger.
Wir sehen zwischen Tannen des hohen Jura hindurch in weiter Ferne einen berühmten Gipfel mit ewigem Schnee; er wird freilich zugleich von vielen andern Orten aus in anderer Art gesehen, durch Weinlauben über einen gewaltigen See hinweg, durch Kirchenfenster, durch enge Hallengassen Oberitaliens; er ist und bleibt aber derselbe Montblanc.

Die als Ideale fortlebenden großen Männer haben einen hohen *Wert* für die Welt und für ihre Nationen insbesondere; sie geben denselben ein Pathos, einen Gegenstand des Enthusiasmus und regen sie bis in die untersten Schichten intellektuell auf durch das vage Gefühl von Größe; sie halten einen hohen Maßstab der Dinge aufrecht, sie helfen zum Wiederaufraffen aus zeitweiliger Erniedrigung. Napoleon, mit all dem Unheil, welches er über die Franzosen gebracht, ist dennoch weit überwiegend ein unermeßlich wertvoller Besitz für sie.
Heutzutage ist zunächst eine Schicht von Leuten

auszuscheiden, welche sich und die Zeit vom Bedürfnis nach großen Männern emanzipiert erklären. Es heißt, die jetzige Zeit wolle ihre Geschäfte selber besorgen, und man denkt sich etwa, es werde ohne die Verbrechen großer Männer recht tugendhaft zugehen. Als ob nicht die kleinen, sobald sie auf Widerstand stoßen, eben auch böse würden, abgesehen von ihrer Gier und ihrem Neid untereinander.

Andere führen die Emanzipation (NB. wesentlich nur auf den intellektuellen Gebieten) praktisch durch mittelst allgemeiner Garantie der Mediokrität, Assekuranz gewisser mittlerer Talente und falscher, an ihrem schnellen Daherrauschen kenntlicher Renommeen, die dann freilich auch bald platzen.* Das Übrige tut die polizeiliche Unmöglichkeit alles großartig Spontanen. Mächtige Regierungen haben einen Widerwillen gegen das Geniale. Im Staate ist es kaum zu »brauchen«, außer nach den stärksten Akkommodationen; denn dort geht alles nach der »Brauchbarkeit«. Auch in den übrigen Lebensrichtungen liebt man mehr die großen Talente, das heißt die Ausbeutungsfähigkeit des Gegebenen als das Große = Neue.

Dazwischen aber verlautet bisweilen heftiges *Begehren nach großen Männern*, und das hauptsächlich im Staat, weil die Dinge in allen großen

---

* Allerdings gibt es, je nach dem Fache, auch echten und dabei sehr rasch durch plötzliche Enthüllung des Genius gewonnenen Ruhm.

Ländern auf eine solche Bahn geraten sind, daß man mit gewöhnlichen Dynastien und Oberbeamten nicht mehr durchkommt, sondern Extrapersonen haben sollte.
Wenn aber der große Mann käme und nicht gleich in seinen Anfängen unterginge, so ist noch die Frage, ob man ihn nicht zerschwatzen und durch Hohn über ihn Meister würde. Unsere Zeit hat eine zermürbende Kraft.
Dagegen ist die Zeit sehr geneigt, sich zeitweise durch Abenteurer und Phantasten imponieren zu lassen.
In frischer Erinnerung steht auch noch, wie man sich 1848 nach einem großen Mann sehnte, und womit man dann in der Folge vorlieb nahm.
Nicht jede Zeit findet ihren großen Mann, und nicht jede große Fähigkeit findet ihre Zeit. Vielleicht sind jetzt sehr große Männer vorhanden für Dinge, die nicht vorhanden sind. Jedenfalls kann sich das vorherrschende Pathos unserer Tage, das Besser-Lebenwollen der Massen, unmöglich zu einer wahrhaft großen Gestalt verdichten. Was wir vor uns sehen, ist eher eine allgemeine Verflachung, und wir dürften das Aufkommen großer Individuen für unmöglich erklären, wenn uns nicht die Ahnung sagte, daß die Krisis einmal von ihrem miserablen Terrain »Besitz und Erwerb« plötzlich auf ein anderes geraten, und daß dann »der Rechte« einmal über Nacht kommen könnte, – worauf dann alles hinterdrein läuft.
Denn die großen Männer sind zu unserem Leben notwendig, damit die weltgeschichtliche Bewegung sich periodisch und ruckweise frei mache von blo-

ßen abgestorbenen Lebensformen und von reflektierendem Geschwätz.
Und für den denkenden Menschen ist gegenüber der ganzen bisher abgelaufenen Weltgeschichte das Offenhalten des Geistes für jede Größe eine der wenigen sicheren Bedingungen des höheren geistigen Glückes.

ÜBER GLÜCK UND UNGLÜCK IN DER WELTGESCHICHTE

In unserem eigenen Leben sind wir gewöhnt, das uns Gewordene teils als Glück, teils als Unglück aufzufassen und tragen dies wie selbstverständlich auf die vergangenen Zeiten über.

Obwohl uns von Anfang an dabei Zweifel aufsteigen müßten, indem je nach Lebensaltern und Erfahrungen unser Urteil in eigenen Sachen sich stark ändern kann; erst die letzte Lebensstunde gewährt den abschließenden Spruch über diejenigen Menschen und Dinge, mit welchen wir in Berührung gekommen sind; – und dieser Spruch kann ganz verschieden lauten, je nachdem wir im vierzigsten oder im achtzigsten Jahre sterben; – und er hat doch nur eine subjektive Wahrheit für uns selbst und keine objektive. Das erlebt vollends jeder, daß ihm früher gehegte Wünsche später als Torheit vorkommen.

Trotz allem aber haben sich geschichtliche Urteile über Glück und Unglück in der Vergangenheit gebildet, sowohl solche über einzelne Ereignisse als solche über ganze Zeiten und Zustände, und zwar liebt derartige Urteile hauptsächlich die neuere Zeit.

Wohl gibt es auch einige ältere Aussagen: das Wohlbehagen einer über Dienende herrschenden Klasse spricht sich hin und wieder, zum Beispiel im Skolion des Hybreas aus; Macchiavelli* rühmt das Jahr 1298, freilich um den gleich darauf erfolgten Umschlag damit in Kontrast zu setzen, und ähnlich zeichnet Justinger das Bild des alten Bern um 1350. Dies alles ist zwar viel zu lokal, und das betreffende Glück beruhte zum Teil auf den Leiden anderer; doch haben immerhin diese Aussagen wenigstens die Naivität für sich und sind nicht im Sinne weltgeschichtlicher Perspektiven ersonnen.

Wir aber urteilen zum Beispiel folgendermaßen:

Es war ein Glück, daß die Griechen über die Perser, Rom über Karthago siegte. –

Ein Unglück, daß Athen im Peloponnesischen Kriege den Spartanern unterlag. –

Ein Unglück, daß Cäsar ermordet wurde, bevor er dem römischen Weltreich eine angemessene Form sichern konnte. –

Ein Unglück, daß in der Völkerwanderung so unendlich vieles von den höchsten Errungenschaften des menschlichen Geistes unterging. –

Ein Glück aber, daß die Welt dabei erfrischt wurde durch neuen gesunden Völkerstoff. –

Ein Glück, daß Europa im 8. Jahrhundert sich im ganzen des Islams erwehrte. –

Ein Unglück, daß die deutschen Kaiser im Kampfe mit den Päpsten unterlagen, und daß die Kirche

---

* Stor. Fior. II.

eine so furchtbare Gewaltherrschaft entwickeln konnte. –
Ein Unglück, daß die Reformation sich nur in halb Europa vollzog und daß der Protestantismus sich in zwei Konfessionen teilte. –
Ein Glück, daß Spanien und dann Ludwig XIV. mit ihren Weltherrschaftsplänen am Ende unterlagen usw.
Freilich, je näher der Gegenwart, desto mehr gehen dann die Urteile auseinander. Man könnte aber sagen, daß damit gegen das Urteilen an sich nichts bewiesen sei, indem dasselbe, sobald man eine etwas größere Zeitenfolge übersehe, sein gutes Recht habe und die Ursachen und Wirkungen, die Ereignisse und Folgen richtig schätzen könne.
Eine optische Täuschung spiegelt uns das Glück in gewissen Zeiten, bei gewissen Völkern vor, und wir malen es nach Analogie der menschlichen Jugend, des Frühlings, des Sonnenaufgangs und in andern Bildern aus. Ja wir denken es uns in einer schönen Gegend, in einem bestimmten Hause wohnhaft, etwa wie abendlicher Rauch aus einer entfernten Hütte die Wirkung hat, daß wir uns eine Vorstellung von der Innigkeit zwischen den dort Wohnenden machen.
Auch ganze *Zeitalter* gelten als glücklich oder unglücklich; die glücklichen sind die sogenannten Blütezeiten der Menschheit. Ernstlich wird etwa hiefür das perikleische Zeitalter in Anspruch genommen, in welchem der Höhepunkt des ganzen Lebens des Altertums in bezug auf Staat, Gesellschaft, Kunst und Poesie erkannt wird. Andere dergleichen Zeitalter, zum Beispiel die Zeit der guten

Kaiser, sind, als zu einseitig gewählt, aufgegeben worden. Doch sagt noch Renan* von den drei Jahrzehnten zwischen 1815 und 1848, es seien die besten, welche Frankreich und vielleicht die Menschheit erlebt habe.

Als eminent unglücklich gelten natürlich alle Zeiten großer Zerstörung, indem man das Glücksgefühl des Siegers (und zwar mit Recht) nicht zu rechnen pflegt.

Es ist erst ein Zug der neueren Zeit, denkbar erst bei dem neueren Betrieb der Geschichte, solche Urteile zu fällen. Das Altertum glaubte an ein ursprüngliches goldenes Zeitalter, auf welches hin die Dinge immer schlimmer geworden; Hesiod malt das »jetzige« eiserne Zeitalter mit düsteren Nachtfarben. In der jetzigen Zeit macht sich eher eine Theorie der wachsenden Vervollkommnung (der sogenannte Fortschritt) zugunsten von Gegenwart und Zukunft geltend. – So viel lassen die prähistorischen Entdeckungen erraten, daß die vorgeschichtlichen Zeiten des Menschengeschlechts in großer Dumpfheit, halbtierischer Angst, Kannibalismus usw. möchten dahingegangen sein. Jedenfalls sind diejenigen Epochen, welche bisher als Jugendalter der einzelnen Völker galten, nämlich diejenigen, in welchen sie zuerst kenntlich auftreten, an sich schon sehr abgeleitete und späte Zeiten.

Wer ist es nun aber, der im ganzen diese Urteile fällt?

Es ist eine Art von literarischem Konsensus, all-

---

* Questions contemporaines S. 44.

mählich angehäuft aus Wünschen und Räsonnements der Aufklärung und aus den wahren oder vermeinten Resultaten einer Anzahl vielgelesener Historiker.

Auch verbreiten sie sich nicht absichtslos, sondern sie werden oft publizistisch verbraucht zu Beweisen für oder gegen bestimmte Richtungen der Gegenwart. Sie gehören mit zu dem umständlichen Gepäck der öffentlichen Meinung und tragen zum Teil sehr deutlich (schon in der Heftigkeit respektive Grobheit ihres Auftretens) den Stempel der betreffenden Zeitlichkeit. Sie sind die Todfeinde der wahren geschichtlichen Erkenntnis.

Und nun mögen einige ihrer Einzelquellen nachgewiesen werden.

Vor allem haben wir es mit dem Urteil aus *Ungeduld* zu tun. Es ist spezifisch dasjenige des Geschichtsschreibers und Geschichtslesers und entsteht, wenn man sich zu lange mit einer Epoche hat beschäftigen müssen, zu deren Beurteilung vielleicht die Kunde, vielleicht auch nur unsere Anstrengung nicht hinreicht. Wir wünschen, die Dinge möchten geschwinder gegangen sein und würden zum Beispiel von den sechsundzwanzig ägyptischen Dynastien einige aufopfern, damit nur endlich König Amasis und sein liberaler Fortschritt Meister würden. Die Könige von Medien, obwohl ihrer nur vier sind, machen uns ungeduldig, weil wir so wenig von ihnen wissen, während das große Phantasieobjekt Cyrus bereits vor der Tür zu warten scheint.

Summa: wir nehmen Partei für das uns Ignoranten interessant Erscheinende, als für ein Glück, *gegen* das Langweilige als gegen ein Unglück. Wir verwechseln das Wünschbare entlegener Zeiten (wenn es eins gab) mit dem Ergötzen unserer Einbildungskraft.

Bisweilen suchen wir uns hierüber durch eine scheinbar edlere Auffassung zu täuschen, während uns doch nur eine retrospektive Ungeduld bestimmt.

Wir bedauern vergangene Zeiten, Völker, Parteien, Bekenntnisse usw. als unglücklich, welche lange Zeit um ein höheres Gut gekämpft haben. Gerade wie man heute den Richtungen, welche beim einzelnen in Gunsten sind, gerne die Kämpfe ersparen und den Sieg ohne Mühe pflücken möchte, so auch in der Vergangenheit. Wir bemitleiden zum Beispiel die römischen Plebejer und die Athener vor Solon in ihrem Kampf von Jahrhunderten gegenüber den harten Patriziern und Eupatriden und dem erbarmungslosen Schuldrecht derselben.

Allein erst durch den langen Kampf war nun einmal der Sieg möglich und die Lebensfähigkeit und der hohe Wert der Sache erweisbar.

Und dann, wie kurz war die Freude, und wie nehmen wir ein Hinfälliges in Schutz gegen ein anderes Hinfälliges! Athen geriet mit der Zeit durch den Sieg der Demokratie in politische Ohnmacht, und Rom eroberte Italien und endlich die Welt unter unendlichen Leiden der Völker und bei starker innerer Entartung.

Besonders aber meldet sich diese Stimmung, der Vergangenheit ihre Kämpfe ersparen zu wollen, bei der Betrachtung von *Religionskriegen*. Es empört, daß irgend eine Wahrheit (oder was uns dafür gilt) sich nur durch äußere Gewalt solle Bahn machen können, und daß sie, wenn diese nicht genügt, unterdrückt wird. Unfehlbar verliert auch während längerer Kämpfe die Wahrheit innerlich von ihrer Reinheit und Weihe durch die zeitlichen Absichten ihrer Vertreter und Parteigänger. So erscheint es uns als ein Unglück, daß die Reformation politisch in der Welt Stellung fassen, materiell gegen eine furchtbare materielle Gegnerschaft kämpfen und dabei Regierungen zu vertreten haben mußte, welchen oft mehr an den Kirchengütern als an der Religion gelegen war.

Allein absolut nur im Kampf, und zwar nicht nur in der gedruckten Polemik, entwickelt sich das ganze, volle Leben, das aus Religionsstreitigkeiten kommen muß, nur der Kampf macht auf beiden Seiten alles bewußt; nur durch ihn, und zwar in allen Zeiten und Fragen der Weltgeschichte, erfährt der Mensch, was er eigentlich will und was er kann.

Zunächst wurde auch der Katholizismus wieder eine Religion, was er eben kaum noch gewesen war; dann wurde der Geist nach tausend Seiten hin geweckt, Staatsleben und Kultur mit dem religiösen Kampf in alle mögliche Verbindung und Gegensatz gebracht und am Ende die Welt umgewandelt und geistig unermeßlich bereichert, was bei bloßem glattem Gehorsam unter dem neuen Glauben unterblieben wäre.

Ferner das Urteil nach der *Kultur*. Es besteht darin, daß man Glück und Moralität eines vergangenen Volkes oder Zustandes nach der Verbreitung der Schulbildung, der Allerweltskultur und des Komforts im Sinne der Neuzeit beurteilt, wobei dann gar nichts die Probe besteht und alle vergangenen Zeitalter nur mit einem größeren oder geringeren Grade des Mitleids abgefertigt werden. »Gegenwart« galt eine Zeitlang wörtlich gleich Fortschritt, und es knüpfte sich daran der lächerlichste Dünkel, als ginge es einer Vollendung des Geistes oder gar der Sittlichkeit entgegen. Unvermerkt wird dabei auch der Maßstab der unten zu besprechenden Sekurität mit ins Spiel gezogen, und ohne diese und ohne die eben geschilderte Kultur könnten wir allerdings nicht mehr leben. Aber ein einfaches, kräftiges Dasein, noch mit dem vollen physischen Adel der Rasse, unter beständiger gemeinsamer Abwehr gegen Feinde und Bedrücker, ist auch eine Kultur und möglicherweise mit einer hohen inneren Herzenserziehung verbunden. Der Geist war schon früh komplett! Und die Erkundigung nach »moral progresses« überlassen wir billig Buckle, der sich so naiv verwundert, wenn sich keine finden wollen, während sie sich doch auf das Leben des einzelnen, nicht auf ganze Zeitalter beziehen. Wenn schon in alten Zeiten einer für andere das Leben hingab, so ist man seither darüber nicht mehr hinausgekommen.

Es folgt nun, indem wir hier mehreres zusammenfassen, das Urteil nach dem *Geschmack überhaupt.* Dasselbe hält diejenigen Zeitalter und Völker für glücklich, in und bei welchen das Element besonders mächtig war, welches jedem gerade das teuerste ist. Je nachdem nun Gemüt, Phantasie oder Verstand vorherrschen, wird man solchen Zeiten und Völkern die Krone reichen, da eine möglichst große Quote von Menschen sich ernsthaft mit den übersinnlichen Dingen beschäftigte, oder da Kunst und Poesie herrschten und möglichst Viele Zeit und Teilnahme für edlere Geistesarbeit und Kontemplation übrig hatten, oder da möglichst viele Leute guten Verdienst hatten und alles rastlos für Gewerbe und Verkehr tätig war.

Mit Leichtigkeit könnte man allen dreien beweisen, wie einseitig ihr Urteil ist, wie wenig es das ganze damalige Leben umfaßt, und wie unerträglich ihnen der Aufenthalt in jenen gepriesenen Zeiten aus verschiedenen Gründen sein würde.

Auch das Urteil nach der *politischen Sympathie* läßt sich oft hören. Der eine kann die vergangenen Zeiten zum Beispiel nur da für glücklich halten, wo Republik, der andere nur da, wo Monarchie gewesen ist; der eine nur, wo beständig heftige Bewegung, der andere nur, wo Ruhe herrscht; denken wir dabei zum Beispiel an Gibbons Ansicht von der Zeit der guten Kaiser als der glücklichsten des Menschengeschlechts überhaupt.

Diese Urteile heben einander gegenseitig von selbst auf. Und vollends diejenigen, welche das Glück der vergangenen Zeiten je nach der Konfession des Urteilenden bemessen.

Schon bei den obigen Fällen, zumal bei der Kultur, spielt stellenweise das Urteil nach der *Sekurität* hinein. Dasselbe verlangt als Vorbedingung jeglichen Glückes die Unterordnung der Willkür unter polizeilich beschütztes Recht, die Behandlung aller Eigentumsfragen nach einem objektiv feststehenden Gesetz, die Sicherung des Erwerbs und Verkehrs im größten Maßstab. Unsere ganze jetzige Moral ist auf diese Sekurität wesentlich orientiert, das heißt, es sind dem Individuum die stärksten

Entschlüsse der Verteidigung von Haus und Herd erspart, wenigstens in der Regel. Und was der Staat nicht leisten kann, das leistet die Assekuranz, das heißt, der Abkauf bestimmter Arten des Unglücks durch bestimmte jährliche Opfer. Sobald die Existenz oder deren Rente wertvoll genug geworden ist, ruht auf dem Unterlassen der Assekuranz sogar ein sittlicher Vorwurf.

An dieser Sekurität fehlte es nun in bedenklichem Grade in mehreren Zeitaltern, welche sonst einen ewigen Glanz um sich verbreiten und in der Geschichte der Menschheit bis aufs Ende der Tage eine hohe Stelle einnehmen werden.

Nicht nur in der Zeit, welche Homer schildert, sondern auch offenbar in derjenigen, in welcher er lebte, versteht sich der Raubüberfall von selbst, und Unbekannte werden ganz höflich und harmlos darüber befragt. Die Welt wimmelt von freiwilligen und unfreiwilligen Mördern, welche bei den Königen Gastfreundschaft genießen, und selbst Odysseus in einem seiner ersonnenen Lebensläufe dichtet sich eine Mordtat an. Daneben aber welche Einfachheit und welcher Adel der Sitte! Und eine Zeit, da der epische Gesang als Gemeingut vieler Sänger und als allverständliche Wonne der Nation von Ort zu Ort wanderte, wird man ewig um ihr Schaffen und Empfinden, um ihre Macht und ihre Naivität beneiden. Denken wir dabei nur an die eine Gestalt der Nausikaa.

Die Zeit des Perikles in Athen war vollends ein Zustand, dessen Mitleben sich jeder ruhige und besonnene Bürger unserer Tage verbitten würde, in welchem er sich todesunglücklich fühlen müßte, selbst wenn er nicht zu der Mehrzahl der Sklaven und nicht zu den Bürgern einer Stadt der attischen Hegemonie, sondern zu den Freien und zu den athenischen Vollbürgern gehörte. Enorme Brandschatzung des einzelnen durch den Staat und beständige Inquisition in betreff der Erfüllung der Pflichten gegen denselben durch Demagogen und Sykophanten waren an der Tagesordnung. Und dennoch muß ein Gefühl des Daseins in den damaligen Athenern gelebt haben, das keine Sekurität der Welt aufwiegen könnte.

Sehr beliebt ist in den jetzigen Zeiten das Urteil nach der Größe*. Man kann zwar dabei nicht leugnen, daß rasch und hoch entwickelte politische Macht herrschender Völker und einzelner nur zu erkaufen war durch das Leiden von Unzähligen; allein man veradelt das Wesen des Herrschers und seiner Umgebung nach Kräften** und legt in ihn alle möglichen Ahnungen derjenigen Größe und Güte, welche später sich an die Folgen seines Tuns angeknüpft hat. Endlich setzt man voraus, der Anblick des Genius habe verklärend und beglückend auf die von ihm behandelten Völker gewirkt.

Mit dem Leiden der Unzähligen aber verfährt man als mit einem »vorübergehenden Unglück« äußerst kühl; man verweist auf die unleugbare Tatsache, daß dauernde Zustände, also nachheriges »Glück«, sich überhaupt fast nur dann gebildet haben, wenn schreckliche Kämpfe die Machtstellung so oder so entschieden hatten; in der Regel beruht Herkom-

---

* Schlözer traktierte einen Miltiades usw. wie Dorfschulzen.

** So Plutarch in De Fortuna Alexandri.

men und Dasein des Urteilenden auf so gewonnenen Zuständen, und daher seine Nachsicht.
Und nun endlich die gemeinsame Quelle, die durch alle diese Urteile hindurchsickert, das schon längst durch alles Bisherige hindurchklingende Urteil des *Egoismus*! »Wir« urteilen so und so; freilich ein anderer, der – vielleicht auch aus Egoismus – das Gegenteil meint, sagt auch »wir«, und in absolutem Sinne ist damit so viel erreicht als mit den Wünschen nach Regen oder Sonnenschein je nach den Interessen des einzelnen Landbauers.
Unsere tiefe und höchst lächerliche Selbstsucht hält zunächst diejenigen Zeiten für glücklich, welche irgend eine Ähnlichkeit mit unserem Wesen haben; sie hält ferner diejenigen vergangenen Kräfte und Menschen für löblich, auf deren Tun unser jetziges Dasein und relatives Wohlbefinden gegründet scheint.
Ganz als wäre Welt und Weltgeschichte nur unsertwillen vorhanden. Jeder hält nämlich seine Zeit für die Erfüllung der Zeiten und nicht bloß für eine der vielen vorübergehenden Wellen. Hat er Ursache zu glauben, daß er ungefähr das ihm Erreichbare erreicht hat, so versteht sich diese Ansicht von selbst; wünscht er, daß es anders werde, so hofft er, auch dies in Bälde zu erleben und noch selber bewirken zu helfen.
Alles einzelne aber, und wir mit, ist nicht nur um seiner selbst, sondern um der ganzen Vergangenheit und um der ganzen Zukunft willen vorhanden.
Diesem großen und ernsten Ganzen gegenüber

sind die Ansprüche der Völker, Zeiten und Individuen auf dauerndes oder nur momentanes Glück und Wohlbefinden nur von sehr untergeordneter Bedeutung; denn weil das Leben der Menschheit ein Ganzes ist, stellen dessen zeitliche und örtliche Schwankungen nur für unsere schwachen Organe ein Auf und Nieder, ein Heil und Unheil dar, in Wahrheit aber gehören sie einer höheren Notwendigkeit an.

Wir müßten überhaupt suchen, den Ausdruck »Glück« aus dem Völkerleben loszuwerden und durch einen anderen zu ersetzen, während wir, wie sich weiter zeigen wird, den Ausdruck »Unglück« beizubehalten haben. Die Naturgeschichte zeigt uns einen angstvollen Kampf ums Dasein, und dieser nämliche Kampf erstreckt sich bis weit in Völkerleben und Geschichte hinein.

»Glück« ist ein entweihtes, durch gemeinen Gebrauch abgeschliffenes Wort. Wohin käme man, wenn eine allgemeine Abstimmung nach der Kopfzahl auf der ganzen Erde über die Definition desselben zu entscheiden hätte?

Vor allem: nur das Märchen nimmt einen sich gleich bleibenden Zustand für Glück. Die kindliche Anschauung, wie sie etwa hier lebt, mag das Bild eines dauernden, festlichen Wohlbefindens (zwischen Olymp und Schlaraffenland in der Mitte) festzubannen suchen. Und auch damit ist es nicht einmal gründlicher Ernst: wenn endlich die bösen Zauberer tot, die bösen Feen bestraft sind, dann regieren Abdallah und Fatime freilich als ein glückliches Königspaar bis in ihr hohes Alter weiter; aber die Phantasie gibt ihnen eigentlich gleich nach dem

Ende ihrer Prüfungen den Abschied, um sich weiter nicht mehr für sie, sondern für Hassan oder Leila oder ein anderes Paar zu interessieren. Und doch ist schon der Schluß der Odyssee so viel wahrer; die Prüfungen des Dulders werden fortdauern, und zunächst harrt seiner noch eine schwere Pilgerfahrt.

Die Anschauung von einem Glück, welches in einem Verharren in einem bestimmten Zustande bestände, ist an sich falsch. Sowie wir von einem primitiven oder Naturzustande absehen, wo ein Tag dem andern, ein Jahrhundert dem andern gleichsieht, bis durch einen Bruch das geschichtliche Leben beginnt, müssen wir uns sagen: das Verharren würde zur Erstarrung und zum Tode; nur in der Bewegung, so schmerzlich sie sei, ist Leben. Und vor allem ist die Vorstellung vom Glück als einer positiven Empfindung schon falsch, während es nur Abwesenheit des Schmerzes ist, höchstens mit einem leisen Gefühl des Wachstums verbunden.
Freilich gibt es stillgestellte Völker, welche in ihrer Gesamterscheinung Jahrhunderte hindurch ein und dasselbe Bild gewähren und dadurch den Eindruck einer leidlichen Zufriedenheit mit ihrem Schicksal machen. Allein meist wird dies die Wirkung des Despotismus sein. Dieser entsteht von selbst, indem eine (vermutlich sehr mühsam) einmal erreichte Form von Staat und Gesellschaft gegen das Emportauchen widerstrebender Kräfte verteidigt werden muß, und zwar mit allen, auch den äußersten Mitteln. Die erste Generation ist dabei gewiß meist sehr unglücklich, die folgenden aber

wachsen schon unter dieser Voraussetzung heran und heiligen zuletzt das, was sie nicht mehr ändern können und wollen und preisen es vielleicht als höchstes Glück. Als die Spanier materiell am Aussterben waren, hielten sie ein hohes Pathos aufrecht, sobald es sich um die Herrlichkeit des kastilischen Namens handelte. Man sieht nicht, daß der Druck der Regierung und der Inquisition sie im geringsten innerlich erniedrigt hätte; ihre größten Künstler und Dichter fallen in diese Zeit.

Solche stationäre Völker und Völkerzeiten sind vielleicht dazu da, bestimmte geistige, seelische, auch materielle Güter aus einer Vorzeit zu bewahren und sie unberührt einer Zukunft als Ferment zu überliefern. Auch ist ihre Ruhe keine absolute, tödliche, sondern einem guten Schlaf zu vergleichen.

Andere Zeitalter, Völker, Individuen dagegen gehören zu denjenigen, welche zeitweise ihre Kräfte, ja ihre ganzen Kräfte in rascher Bewegung ausgeben. Ihre Bedeutung ist die, Altes zu zerstören und Neuem Bahn zu machen; zu irgend einem eigenen dauernden Glück aber und mit Ausnahme der kurzen Augenblicke des Siegesjubels auch nur zu einem vorübergehenden sind sie nicht geschaffen. Ihre neuernde Kraft beruht nämlich auf einer beständigen Unzufriedenheit, die sich auf jeder erreichten Station langweilt und nach einer weiteren Form verlangt.

Und zwar tritt dies Streben, – wie wichtig auch seine Folgen, wie groß die historische Bestimmung sei, – tatsächlich und zeitlich doch im Gewande des unergründlichsten menschlichen Egoismus auf, welcher andern seinen Willen auferlegen und seine

Satisfaktion auf deren Gehorsam gründen muß, dabei aber nie genug Gehorsam und Verehrung zu genießen meint und im großen sich jede Gewalttat erlaubt.

Und nun ist das Böse auf Erden allerdings ein Teil der großen weltgeschichtlichen Ökonomie: es ist die Gewalt, das Recht des Stärkeren über den Schwächeren, vorgebildet schon in demjenigen Kampf ums Dasein, welcher die ganze Natur, Tierwelt wie Pflanzenwelt, erfüllt, weitergeführt in der Menschheit durch Mord und Raub in den früheren Zeiten, durch Verdrängung, respektive Vertilgung oder Knechtung schwächerer Rassen, schwächerer Völker innerhalb derselben Rasse, schwächerer Staatenbildungen, schwächerer gesellschaftlicher Schichten innerhalb desselben Staates und Volkes*.

Der Stärkere ist als solcher noch lange nicht der Bessere. Auch in der Pflanzenwelt ist ein Vordringen des Gemeineren und Frecheren hie und da erweisbar. In der Geschichte aber bildet das Unterliegen des Edlen, weil es in der Minorität ist, besonders für solche Zeiten eine große Gefahr, da eine sehr allgemeine Kultur herrscht, welche sich alle Rechte der Majorität beilegt. Und nun waren alle diese unterlegenen Kräfte vielleicht edler und besser; allein die Sieger, obwohl nur von Herrschsucht vorwärts getrieben, führen eine Zukunft herbei, von welcher sie selbst noch keine Ahnung haben. Nur in der Dispensation der Staaten vom allgemei-

---

* Wir erinnern hier an die Prophezeiung Hartmanns: Philosophie d. Unbew. S. 341/3.

nen Moralgesetz, bei fortwährender Geltung desselben für den einzelnen, blickt etwas wie eine Ahnung durch.

Das größte Beispiel bietet das römische Weltreich, begonnen mit den entsetzlichsten Mitteln bald nach Erlöschen des Kampfes zwischen Patriziern und Plebejern in Gestalt der Samniterkriege, vollendet durch Unterwerfung von Orient und Okzident mit unermeßlichen Strömen von Blut.

Hier erkennen wir im großen einen wenigstens für uns recht scheinbaren weltgeschichtlichen Zweck: die Schöpfung einer gemeinsamen Weltkultur, wodurch auch die Verbreitung einer neuen Weltreligion möglich wurde, beides überlieferbar auf die barbarischen Germanen der Völkerwanderung als künftiger Zusammenhalt eines neuen Europas.

Allein daraus, daß aus Bösem Gutes, aus Unglück relatives Glück geworden ist, folgt noch gar nicht, daß Böses und Unglück nicht anfänglich waren, was sie waren. Jede gelungene Gewalttat war böse und ein Unglück und allermindestens ein gefährliches Beispiel. Wenn sie aber Macht begründete, so kam in der Folge die Menschheit heran mit ihrem unermüdlichen Streben, bloße Macht in Ordnung und Gesetzlichkeit umzuwandeln; sie brachte ihre heilen Kräfte herbei und nahm den Gewaltzustand in die Kur.

Und das Böse herrscht bisweilen lange *als Böses* auf Erden, nicht bloß bei Fatimiden und Assassinen. Der Fürst dieser Welt ist laut der christlichen Lehre Satan. Nichts Unchristlicheres, als der Tugend eine dauernde Herrschaft, einen materiellen Gotteslohn auf Erden zu verheißen, wie die Kirchenschriftsteller den christlichen Kaisern versprachen. Aber das herrschende Böse hat eine hohe Bedeutung: nur neben ihm gibt es ein uneigennütziges Gutes. Es wäre ein unerträglicher Anblick, wenn infolge konsequenter Belohnung des Guten und Bestrafung des Bösen hienieden die Bösen sich alle aus Zweckmäßigkeit anfingen gut aufzuführen; denn unvermeidlich vorhanden und innerlich böse wären sie ja doch. Man könnte in die Stimmung kommen, den Himmel wieder um eine Straflosigkeit der Bösen auf Erden zu bitten, nur damit dieselben wenigstens ihre wahren Züge wieder an den Tag legten. Es ist schon so Verstellung genug in der Welt.

Suchen wir nun auch einigen der erlaubtesten Klagen der Weltgeschichte den unserer Ahnung zugänglichen Trost gegenüberzustellen.

Zunächst hat zwar gar nicht jede Zerstörung auch Verjüngung zur Folge. So wie das Zerstören des edleren Pflanzenwuchses ein Land auf ewig zur verbrannten Wüste machen kann, so wird sich auch ein zu übel mißhandeltes Volk nie mehr erholen. Es gibt (wenigstens scheinbar) absolut zerstörende Mächte, unter deren Hufschlag kein Gras mehr wächst. Asien scheint dauernd und auf alle Zeiten durch die zweimalige Herrschaft der Mongolen in seiner wesentlichen Kraft geknickt worden zu sein; besonders Timur wütete entsetzlich mit seinen Schädelpyramiden und seinen Mauern aus Stein, Kalk und lebenden Menschen. Es ist gut, daß man sich beim Bilde eines solchen Zerstörers, wie er seinen und seines Volkes Egoismus im Triumph durch die rauchenden Ruinen der Welt spazieren führt, davon Rechenschaft gebe, mit welcher Wucht das

Böse sich zuzeiten vordrängen darf. In solchen Ländern wird man auf ewig nie mehr an Recht und an menschliche Güte glauben. Und doch hat er vielleicht Europa vor den Osmanen gerettet; man denke sich ihn hinweg und Bajazeth und die Hussiten zugleich sich über Deutschland und Italien werfend! Die späteren Osmanen, Volk und Sultane, so schrecklich sie für Europa waren, haben doch nicht mehr jenen Höhepunkt der Kraft erreicht, welchen Bajazeth I. vor der Schlacht bei Angora darstellte.

Es gibt schon in den alten Zeiten ein entsetzliches Bild, wenn man sich die Summe von Verzweiflung und Jammer vorstellt, welche das Zustandekommen zum Beispiel der alten Weltmonarchien voraussetzte. Unser besonderes Mitleid würden vielleicht jene Einzelvölker verdienen, welche in verzweifeltem Kampfe um ihre Nationalität den Königen von Persien, vielleicht schon denjenigen von Assyrien und Medien unterlegen sein müssen. All die einsamen Königsburgen der Einzelvölker (Hyrkanier, Baktrier, Sogdianer, Gedrosier und andere), welche Alexander antraf, bezeichnen lauter entsetzliche letzte Kämpfe, von welchen wir nichts mehr wissen. Haben sie umsonst gekämpft?

Ganz anders stellen sich zu unserem Gefühl diejenigen Bevölkerungen, von deren letzten Kämpfen und Untergang Kunde erhalten ist: die lydischen Städte gegen Harpagus, Karthago, Numantia, Jerusalem gegen Titus. Solche scheinen uns aufgenommen in die Reihe von Lehrern und Vorbildern der Menschheit in der einen großen Sache: daß man an das Gemeinsame alles setze, und daß das Einzelle-

ben der Güter höchstes nicht sei. So daß aus ihrem Unglück ein herbes, aber erhabenes Glück für das Ganze entsteht.
Und wenn persische Keilschriften gefunden werden sollten, die auch vom Untergang jener Völker in den Ostprovinzen des Reiches nähere Meldung täten, sei es auch nur in dem bombastischen Ormuzdstil des geistlosen Siegervolkes, so würden auch sie sich jenen großen Erinnerungen beigesellen.
Beiseite mag hier der Trost bleiben, daß ohne solche vorläufige Zermalmer, wie Assur und Persien, Alexander die Elemente der griechischen Kultur nicht so weit nach Asien hinein hätte tragen können; über Mesopotamien hinaus hat dieselbe keine große Wirkung mehr gehabt. Überhaupt müssen wir uns hüten, unsere geschichtlichen Perspektiven ohne weiteres für den Ratschluß der Weltgeschichte zu halten.

Bei allen Zerstörungen läßt sich aber immer eins behaupten: weil uns die Ökonomie der Weltgeschichte im großen dunkel bleibt, wissen wir nie, was geschehen sein würde, wenn etwas, und sei es das Schrecklichste, unterblieben wäre. Statt einer weltgeschichtlichen Woge, die wir kennen, wäre wohl eine andere gekommen, die wir nicht kennen, statt eines schlimmen Unterdrückers vielleicht ein noch böserer.
Nur soll deshalb kein Mächtiger sich zu entschuldigen glauben mit den Worten: »Tun wir's nicht, so tut's ein anderer«, womit jede Art von Verbrechen gerechtfertigt werden könnte. (Solche halten eine Entschuldigung übrigens auch meist nicht für nö-

tig, sondern finden: »Was *wir* tun, schlägt ja eo ipso zum Glück aus.«)

Vielleicht würde auch der unterlegene Teil selbst bei längerem Dasein unserer Teilnahme nicht mehr würdig scheinen. Ein Volk zum Beispiel, das früh in glorreichem Kampf untergegangen, wäre vielleicht später nicht sehr glücklich, nicht sehr kulturfähig, ja durch eigenes Böses in seinem Innern frühe verrucht und für die Nachbarn verderblich geworden. Dagegen, in seiner Vollkraft dahingenommen, macht es eine ähnliche Wirkung, wie früh gestorbene ausgezeichnete Menschen, welchen die Phantasie bei vorausgesetztem längerem Dasein nur Fortschritt in Glück und Größe andichtet, während sie vielleicht ihre Sonnenhöhe schon erreicht und überschritten hatten.

Von der anderen Seite meldet sich als Trost das geheimnisvolle Gesetz der *Kompensation*, nachweisbar wenigstens an *einer* Stelle: an der Zunahme der Bevölkerung nach großen Seuchen und Kriegen. Es scheint ein Gesamtleben der Menschheit zu existieren, welches die Verluste ersetzt*.

So ist es zum Beispiel nicht gewiß, wohl aber für unser Auge wahrscheinlich, daß das Zurückweichen der Weltkultur aus dem östlichen Becken des Mittelmeeres im 15. Jahrhundert äußerlich und innerlich kompensiert wurde durch die ozeanische Ausbreitung der westeuropäischen Völker; der Weltakzent rückte nur auf eine andere Stelle.

---

* Vgl. besonders die konstanten Zahlen der Statistik, Bevölkerungslehre usw. (Schopenhauer, Die Welt als Wille und Vorstellung, Band II, S. 575).

So wie dort statt eines Todes ein anderer Tod gekommen wäre, so substituiert hier statt eines untergegangenen Lebens die allgemeine Lebenskraft der Welt ein neues.
Nur ist die Kompensation nicht etwa ein Ersatz der Leiden, auf welchen der Täter hinweisen könnte, sondern nur ein Weiterleben der verletzten Menschheit mit Verlegung des Schwerpunktes. Auch darf man nicht etwa den Leidenden und ihren Deszendenten und sonstigen Verwandten damit kommen. Die Völkerwanderung war eine große Erfrischung der Welt für das absterbende Römerreich, aber wenn man in dem östlichen, übriggebliebenen Rest desselben etwa im 12. Jahrhundert unter den Komnenen einen Byzantiner fragte, so redete er so stolz als möglich vom Fortleben Roms am Bosporus und so verachtungsvoll als möglich gegen das »erneute und erfrischte« Abendland; und noch der jetzige Gräkoslawe unter den Türken hält sich nicht für geringer und wohl auch nicht für unglücklicher als den Abendländer. Überhaupt, sobald man die Leute fragt, bedanken sie sich für alle Erneuerung der Welt, welche durch ihren Untergang und durch Einwanderung wilder Horden bewirkt werden soll.
Die Lehre von der Kompensation ist meist doch nur eine verkappte Lehre von der Wünschbarkeit, und es ist und bleibt ratsam, mit diesem aus ihr zu gewinnenden Troste sparsam umzugehen, da wir doch kein bündiges Urteil über diese Verluste und Gewinste haben. Entstehen und Vergehen sind zwar das allgemeine Erdenschicksal; aber jedes wahre Einzelleben, das durch Gewalt und (nach

unserem Dafürhalten) vorzeitig dahingerafft wird, darf als schlechthin unersetzlich gelten, sogar als nicht ersetzlich durch ein anderes ebenso treffliches.

Eine andere Schattierung der Kompensation ist die *Verschiebung* eines versprochen scheinenden Ereignisses. Es unterbleibt einstweilen etwas Großes, sehnsüchtig Gewünschtes, weil eine künftige Zeit es vollkommener vollziehen wird. Deutschland war im Dreißigjährigen Kriege vielleicht zweimal der Einheit ganz nahe: 1629 durch Wallenstein, 1631 durch Gustav Adolf; in beiden Fällen würde ein furchtbarer, kaum zu bändigender Gegensatz im Volke geblieben sein; der Welttag der Nation wurde um 240 Jahre verschoben und trat dann ein in einem Moment, da jener Gegensatz seine Gefährlichkeit völlig verloren hatte. Im Gebiete der Kunst kann man sich in ähnlicher Weise sagen, daß die neue St. Peterskirche des Papstes Nikolaus V. unendlich geringer geworden wäre als die des Bramante und Michelangelo.
Eine Schattierung ist auch der *Ersatz* von einzelnen Kulturzweigen durch andere: in der ersten Hälfte des 18. Jahrhunderts, bei fast völliger Nullität der Poesie und geringer Richtung in der Malerei, erreicht die Musik ihre größte Erhabenheit. Allein auch dies sind Imponderabilien, die man nicht so keck gegeneinander abwägen darf. Sicher ist nur, daß *eine* Zeit, *ein* Volk nicht alles zugleich besitzen kann, und daß viele an sich unentschiedene Kräfte von derjenigen Gattung angezogen werden, welche sich bereits im größten Schwung befindet.

Die allergerechtesten Klagen jedoch, welche man, wie es scheint, gegen das Schicksal sollte erheben dürfen, beziehen sich auf den Untergang hoher Werke der Kunst und Dichtung. Auf das Wissen des Altertums, auf die Bibliotheken von Pergamus und Alexandrien würden wir am Ende noch verzichten; das neuere Wissen ist erdrückend genug; allein die untergegangenen Dichter höchsten Ranges erfüllen uns mit Jammer, und auch an den Historikern haben wir unersetzliche Verluste erlitten, weil die Kontinuität der geistigen Erinnerungen auf große, wichtige Strecken fragmentarisch geworden ist. Diese Kontinuität ist aber ein wesentliches Interesse unseres Menschendaseins und ein metaphysischer Beweis für die Bedeutung seiner Dauer; denn ob Zusammenhang des Geistes auch ohne unser Wissen davon vorhanden wäre, in einem Organ, das wir nicht kennen, das wissen wir nicht und können uns jedenfalls keine Vorstellung davon machen, müssen also dringend wünschen, daß das Bewußtsein jenes Zusammenhanges in uns lebe.
Allein unsere unerfüllte *Sehnsucht nach dem Untergegangenen* ist auch etwas wert; ihr allein verdankt man es, daß noch so viele Bruchstücke gerettet und durch eine rastlose Wissenschaft in Zusammenhang gesetzt worden sind; ja, Verehrung der Reste der Kunst und unermüdliche Kombination der Reste der Überlieferung machen einen Teil der heutigen Religion aus.
Die verehrende Kraft in uns ist so wesentlich als das zu verehrende Objekt.
Vielleicht auch mußten jene hohen Kunstwerke untergehen, damit eine neuere Kunst unbefangen

schaffen könne. Wenn zum Beispiel im 15. Jahrhundert plötzlich große Massen wohlerhaltener griechischer Skulpturen und Malereien wären gefunden worden, so hätten Lionardo, Michelangelo, Raffael, Tizian und Correggio nicht schaffen können, was sie geschaffen haben, während sie mit dem von den Römern Ererbten wohl in ihrer Weise wetteifern konnten. Und wenn nach der Mitte des 18. Jahrhunderts bei der begeisterten Erneuerung des philologischen und antiquarischen Studiums die verlorenen griechischen Lyriker aufgetaucht wären, so hätten sie möglicherweise den ganzen hohen Flor der deutschen Poesie stören können. Freilich würde wohl nach einigen Jahrzehnten der Störung, nach dem ersten Erstaunen das massenhaft vorhandene Alte mit dem Neuen sich auseinandergesetzt und das Neue seine eigenen Wege gefunden haben, – allein der entscheidende Augenblick des Vermögens der Blüte, welcher nicht mehr in seiner vollen Höhe wiederkehrt, wäre vorüber gewesen. Nun aber war im 15. Jahrhundert für die Kunst, im 18. Jahrhundert für die Poesie genug vom Alten da, um anzuregen, und nicht so viel, um zu erdrücken.

Auf diesem Punkt angelangt, ist innezuhalten. Wir sind unmerklich von der Frage des Glückes und Unglückes auf das Fortleben des Menschengeistes geraten, das uns am Ende wie das Leben *eines* Menschen erscheint. Dieses, wie es *in* der Geschichte und *durch* sie bewußt wird, muß allmählich die Blicke des Denkenden dergestalt fesseln, und die allseitige Ergründung und Verfolgung desselben muß seine Anstrengung derart in Anspruch nehmen, daß die Begriffe Glück und Unglück daneben mehr und mehr ihre Bedeutung verlieren. »Reif sein ist alles.« Statt des Glückes wird das Ziel der Fähigen nolentium volentium die Erkenntnis. Und dies nicht etwa aus Gleichgültigkeit gegen einen Jammer, der uns ja mitbetreffen kann, – wodurch wir vor allem kalten Objektiv-tun geschützt sind, – sondern weil wir die Blindheit unseres Wünschens einsehen, indem die Wünsche der Völker und einzelnen wechseln und sich widersprechen und aufheben.

Könnten wir völlig auf unsere Individualität verzichten und die Geschichte der kommenden Zeit etwa mit ebensoviel Ruhe und Unruhe betrachten, wie wir das Schauspiel der Natur, zum Beispiel eines Seesturms vom festen Land aus, mitmachen, so würden wir vielleicht eins der größten Kapitel aus der Geschichte des Geistes bewußt miterleben.

In einer Zeit:

Da der täuschende Friede jener dreißig Jahre, in welchen wir aufwuchsen, längst gründlich dahin ist und eine Reihe neuer Kriege im Anzug zu sein scheinen,

da die größten Kulturvölker in ihren politischen Formen schwanken oder in Übergängen begriffen sind,

da mit der Verbreitung der Bildung und des Verkehrs auch die des Leidensbewußtseins und der Ungeduld sichtlich und rasch zunimmt,

da die sozialen Einrichtungen durchgängig durch Bewegungen der Erde beunruhigt werden, – so vieler anderer angehäufter und unerledigter Krisen nicht zu gedenken –

würde es ein wunderbares Schauspiel, freilich aber nicht für zeitgenössische, irdische Wesen sein, dem Geist der Menschheit erkennend nachzugehen, der über all diesen Erscheinungen schwebend und doch mit allen verflochten, sich eine neue Wohnung baut. Wer hievon eine Ahnung hätte, würde des Glückes und Unglückes völlig vergessen und in lauter Sehnsucht nach dieser Erkenntnis dahinleben.